ENGELS
WOORDENSCHAT

THEMATISCHE WOORDENLIJST

NEDERLANDS ENGELS

De meest bruikbare woorden
Om uw woordenschat uit te breiden en
uw taalvaardigheid aan te scherpen

5000 woorden

Thematische woordenschat Nederlands-Brits-Engels - 5000 woorden
Door Andrey Taranov

Woordenlijsten van T&P Books zijn bedoeld om u woorden van een vreemde taal te helpen leren, onthouden, en bestudering. Dit woordenboek is ingedeeld in thema's en behandelt alle belangrijk terreinen van het dagelijkse leven, bedrijven, wetenschap, cultuur, etc.

Het proces van het leren van woorden met behulp van de op thema's gebaseerde aanpak van T&P Books biedt u de volgende voordelen:

- Correct gegroepeerde informatie is bepalend voor succes bij opeenvolgende stadia van het leren van woorden
- De beschikbaarheid van woorden die van dezelfde stam zijn maakt het mogelijk om woordgroepen te onthouden (in plaats van losse woorden)
- Kleine groepen van woorden faciliteren het proces van het aanmaken van associatieve verbindingen, die nodig zijn bij het consolideren van de woordenschat
- Het niveau van talenkennis kan worden ingeschat door het aantal geleerde woorden

Copyright © 2015 T&P Books Publishing

Alle rechten voorbehouden. Niets uit deze uitgave mag worden verveelvoudigd, opgeslagen in een geautomatiseerd gegevensbestand en/of openbaar gemaakt in enige vorm of op enige wijze, hetzij elektronisch, mechanisch, door fotokopieën, opnamen of op enige andere manier zonder voorafgaande schriftelijke toestemming van de uitgever. U mag dit boek niet verspreiden in welk formaat dan ook.

T&P Books Publishing
www.tpbooks.com

ISBN: 978-1-78492-335-8

Dit boek is ook beschikbaar in e-boek formaat.
Gelieve www.tpbooks.com te bezoeken of de belangrijkste online boekwinkels.

BRITS-ENGELSE WOORDENSCHAT
nieuwe woorden leren

T&P Books woordenlijsten zijn bedoeld om u te helpen vreemde woorden te leren, te onthouden, en te bestuderen. De woordenschat bevat meer dan 5000 veel gebruikte woorden die thematisch geordend zijn.

- De woordenlijst bevat de meest gebruikte woorden
- Aanbevolen als aanvulling bij welke taalcursus dan ook
- Voldoet aan de behoeften van de beginnende en gevorderde student in vreemde talen
- Geschikt voor dagelijks gebruik, bestudering en zelftestactiviteiten
- Maakt het mogelijk om uw woordenschat te evalueren

Bijzondere kenmerken van de woordenschat

- De woorden zijn gerangschikt naar hun betekenis, niet volgens alfabet
- De woorden worden weergegeven in drie kolommen om bestudering en zelftesten te vergemakkelijken
- Woorden in groepen worden verdeeld in kleine blokken om het leerproces te vergemakkelijken
- De woordenschat biedt een handige en eenvoudige beschrijving van elk buitenlands woord

De woordenschat bevat 155 onderwerpen zoals:

Basisconcepten, getallen, kleuren, maanden, seizoenen, meeteenheden, kleding en accessoires, eten & voeding, restaurant, familieleden, verwanten, karakter, gevoelens, emoties, ziekten, stad, dorp, bezienswaardigheden, winkelen, geld, huis, thuis, kantoor, werken op kantoor, import & export, marketing, werk zoeken, sport, onderwijs, computer, internet, gereedschap, natuur, landen, nationaliteiten en meer ...

T&P Books. Thematische woordenschat Nederlands-Brits-Engels - 5000 woorden

INHOUDSOPGAVE

Uitspraakgids	9
Afkortingen	11

BASISBEGRIPPEN	13
Basisbegrippen Deel 1	13
1. Voornaamwoorden	13
2. Begroetingen. Begroetingen. Afscheid	13
3. Hoe aan te spreken	14
4. Kardinale getallen. Deel 1	14
5. Kardinale getallen. Deel 2	15
6. Ordinale getallen	16
7. Getallen. Breuken	16
8. Getallen. Eenvoudige berekeningen	16
9. Getallen. Diversen	16
10. De belangrijkste werkwoorden. Deel 1	17
11. De belangrijkste werkwoorden. Deel 2	18
12. De belangrijkste werkwoorden. Deel 3	19
13. De belangrijkste werkwoorden. Deel 4	20
14. Kleuren	21
15. Vragen	21
16. Voorzetsels	22
17. Functiewoorden. Bijwoorden. Deel 1	22
18. Functiewoorden. Bijwoorden. Deel 2	24

Basisbegrippen Deel 2	26
19. Dagen van de week	26
20. Uren. Dag en nacht	26
21. Maanden. Seizoenen	27
22. Meeteenheden	29
23. Containers	29

MENS	31
Mens. Het lichaam	31
24. Hoofd	31
25. Menselijk lichaam	32

Kleding en accessoires	33
26. Bovenkleding. Jassen	33
27. Heren & dames kleding	33

28. Kleding. Ondergoed	34
29. Hoofddeksels	34
30. Schoeisel	34
31. Persoonlijke accessoires	35
32. Kleding. Diversen	35
33. Persoonlijke verzorging. Schoonheidsmiddelen	36
34. Horloges. Klokken	37

Voedsel. Voeding	38
35. Voedsel	38
36. Drankjes	39
37. Groenten	40
38. Vruchten. Noten	41
39. Brood. Snoep	42
40. Bereide gerechten	42
41. Kruiden	43
42. Maaltijden	44
43. Tafelschikking	45
44. Restaurant	45

Familie, verwanten en vrienden	46
45. Persoonlijke informatie. Formulieren	46
46. Familieleden. Verwanten	46

Geneeskunde	48
47. Ziekten	48
48. Symptomen. Behandelingen. Deel 1	49
49. Symptomen. Behandelingen. Deel 2	50
50. Symptomen. Behandelingen. Deel 3	51
51. Artsen	52
52. Geneeskunde. Medicijnen. Accessoires	52

HET MENSELIJKE LEEFGEBIED	53
Stad	53
53. Stad. Het leven in de stad	53
54. Stedelijke instellingen	54
55. Borden	55
56. Stedelijk vervoer	56
57. Bezienswaardigheden	57
58. Winkelen	58
59. Geld	59
60. Post. Postkantoor	60

Woning. Huis. Thuis	61
61. Huis. Elektriciteit	61

62.	Villa. Herenhuis	61
63.	Appartement	61
64.	Meubels. Interieur	62
65.	Beddengoed	63
66.	Keuken	63
67.	Badkamer	64
68.	Huishoudelijke apparaten	65

MENSELIJKE ACTIVITEITEN 66
Baan. Business. Deel 1 66

69.	Kantoor. Op kantoor werken	66
70.	Bedrijfsprocessen. Deel 1	67
71.	Bedrijfsprocessen. Deel 2	68
72.	Productie. Werken	69
73.	Contract. Overeenstemming.	70
74.	Import & Export	71
75.	Financiën	71
76.	Marketing	72
77.	Reclame	72
78.	Bankieren	73
79.	Telefoon. Telefoongesprek	74
80.	Mobiele telefoon	74
81.	Schrijfbehoeften	75
82.	Soorten bedrijven	75

Baan. Business. Deel 2 78

83.	Show. Tentoonstelling	78
84.	Wetenschap. Onderzoek. Wetenschappers	79

Beroepen en ambachten 80

85.	Zoeken naar werk. Ontslag	80
86.	Zakenmensen	80
87.	Dienstverlenende beroepen	81
88.	Militaire beroepen en rangen	82
89.	Ambtenaren. Priesters	83
90.	Agrarische beroepen	83
91.	Kunst beroepen	84
92.	Verschillende beroepen	84
93.	Beroepen. Sociale status	86

Onderwijs 87

94.	School	87
95.	Hogeschool. Universiteit	88
96.	Wetenschappen. Disciplines	89
97.	Schrift. Spelling	89
98.	Vreemde talen	90

Rusten. Entertainment. Reizen	92
99. Trip. Reizen	92
100. Hotel	92

TECHNISCHE APPARATUUR. VERVOER — 94
Technische apparatuur — 94

101. Computer	94
102. Internet. E-mail	95
103. Elektriciteit	96
104. Gereedschappen	96

Vervoer — 99

105. Vliegtuig	99
106. Trein	100
107. Schip	101
108. Vliegveld	102

Gebeurtenissen in het leven — 104

109. Vakanties. Evenement	104
110. Begrafenissen. Begrafenis	105
111. Oorlog. Soldaten	105
112. Oorlog. Militaire acties. Deel 1	106
113. Oorlog. Militaire acties. Deel 2	108
114. Wapens	109
115. Oude mensen	111
116. Middeleeuwen	111
117. Leider. Baas. Autoriteiten	113
118. De wet overtreden. Criminelen. Deel 1	114
119. De wet overtreden. Criminelen. Deel 2	115
120. Politie. Wet. Deel 1	116
121. Politie. Wet. Deel 2	117

NATUUR — 119
De Aarde. Deel 1 — 119

122. De kosmische ruimte	119
123. De Aarde	120
124. Windrichtingen	121
125. Zee. Oceaan	121
126. Namen van zeeën en oceanen	122
127. Bergen	123
128. Bergen namen	124
129. Rivieren	124
130. Namen van rivieren	125
131. Bos	125
132. Natuurlijke hulpbronnen	126

De Aarde. Deel 2	128
133. Weer	128
134. Zwaar weer. Natuurrampen	129

Fauna	130
135. Zoogdieren. Roofdieren	130
136. Wilde dieren	130
137. Huisdieren	131
138. Vogels	132
139. Vis. Zeedieren	134
140. Amfibieën. Reptielen	134
141. Insecten	135

Flora	136
142. Bomen	136
143. Heesters	136
144. Vruchten. Bessen	137
145. Bloemen. Planten	137
146. Granen, graankorrels	139

LANDEN. NATIONALITEITEN	140
147. West-Europa	140
148. Centraal- en Oost-Europa	140
149. Voormalige USSR landen	141
150. Azië	141
151. Noord-Amerika	142
152. Midden- en Zuid-Amerika	142
153. Afrika	143
154. Australië. Oceanië	143
155. Steden	143

UITSPRAAKGIDS

Letter	Engels voorbeeld	T&P fonetisch alfabet	Nederlands voorbeeld

Klinkers

a	age	[eɪ]	Azerbeidzjan
a	bag	[æ]	Nederlands Nedersaksisch - dät, Engels - cat
a	car	[ɑ:]	maart
a	care	[eə]	alinea
e	meat	[i:]	team, portier
e	pen	[e]	delen, spreken
e	verb	[з]	als in urn
e	here	[ɪə]	België, Australië
i	life	[aj]	byte, majoor
i	sick	[ɪ]	iemand, die
i	girl	[ø]	neus, beu
i	fire	[ajə]	bajonet
o	rose	[əʊ]	snowboard
o	shop	[ɒ]	Fries - 'hanne'
o	sport	[ɔ:]	rood, knoop
o	ore	[ɔ:]	rood, knoop
u	to include	[u:]	fuut, uur
u	sun	[ʌ]	acht
u	church	[з]	als in urn
u	pure	[ʊə]	werken, grondwet
y	to cry	[aj]	byte, majoor
y	system	[ɪ]	iemand, die
y	Lyre	[ajə]	bajonet
y	party	[ɪ]	iemand, die

Medeklinkers

b	bar	[b]	hebben
c	city	[s]	spreken, kosten
c	clay	[k]	kennen, kleur
d	day	[d]	Dank u, honderd
f	face	[f]	feestdag, informeren
g	geography	[dʒ]	jeans, jungle
g	glue	[g]	goal, tango
h	home	[h]	het, herhalen
j	joke	[dʒ]	jeans, jungle

Letter	Engels voorbeeld	T&P fonetisch alfabet	Nederlands voorbeeld
k	king	[k]	kennen, kleur
l	love	[l]	delen, luchter
m	milk	[m]	morgen, etmaal
n	nose	[n]	nemen, zonder
p	pencil	[p]	parallel, koper
q	queen	[k]	kennen, kleur
r	rose	[r]	roepen, breken
s	sleep	[s]	spreken, kosten
s	please	[z]	zeven, zesde
s	pleasure	[ʒ]	journalist, rouge
t	table	[t]	tomaat, taart
v	velvet	[v]	beloven, schrijven
w	winter	[w]	twee, willen
x	ox	[ks]	links, maximaal
x	exam	[gz]	[g] als in goal + [z]
z	azure	[ʒ]	journalist, rouge
z	zebra	[z]	zeven, zesde

Lettercombinaties

ch	China	[tʃ]	Tsjechië, cello
ch	chemistry	[k]	kennen, kleur
ch	machine	[ʃ]	shampoo, machine
sh	ship	[ʃ]	shampoo, machine
th	weather	[ð]	Stemhebbende dentaal, Engels - there
th	tooth	[θ]	Stemloze dentaal, Engels - thank you
ph	telephone	[f]	feestdag, informeren
ck	black	[k]	kennen, kleur
ng	ring	[ŋ]	optelling, jongeman
ng	English	[ŋ]	optelling, jongeman
wh	white	[w]	twee, willen
wh	whole	[h]	het, herhalen
wr	wrong	[r]	roepen, breken
gh	enough	[f]	feestdag, informeren
gh	sign	[n]	nemen, zonder
kn	knife	[n]	nemen, zonder
qu	question	[kv]	kwaliteit, Ecuador
tch	catch	[tʃ]	Tsjechië, cello
oo+k	book	[ʊ]	hoed, doe
oo+r	door	[ɔː]	rood, knoop
ee	tree	[iː]	team, portier
ou	house	[aʊ]	blauw
ou+r	our	[aʊə]	blauwe
ay	today	[eɪ]	Azerbeidzjan
ey	they	[eɪ]	Azerbeidzjan

AFKORTINGEN
gebruikt in de woordenschat

Nederlandse afkortingen

mann.	-	mannelijk
vrouw.	-	vrouwelijk
mv.	-	meervoud
on.ww.	-	onovergankelijk werkwoord
ov.ww.	-	overgankelijk werkwoord
bn	-	bijvoeglijk naamwoord
bw	-	bijwoord
abn	-	als bijvoeglijk naamwoord
bijv.	-	bijvoorbeeld
enz.	-	enzovoort
wisk.	-	wiskunde
enk.	-	enkelvoud
ov.	-	over
mil.	-	militair
vn	-	voornaamwoord
telb.	-	telbaar
form.	-	formele taal
ontelb.	-	ontelbaar
inform.	-	informele taal
vw	-	voegwoord
vz	-	voorzetsel
ww	-	werkwoord

Nederlandse artikelen

de	-	gemeenschappelijk geslacht
het	-	onzijdig
de/het	-	onzijdig, gemeenschappelijk geslacht

Engelse afkortingen

sb	-	iemand
v aux	-	hulp werkwoord

vi	-	onovergankelijk werkwoord
vt	-	overgankelijk werkwoord
vi, vt	-	onovergankelijk, overgankelijk werkwoord
sth	-	iets

BASISBEGRIPPEN

Basisbegrippen Deel 1

1. Voornaamwoorden

ik	I, me	[aɪ], [mi:]
jij, je	you	[ju:]
hij	he	[hi:]
zij, ze	she	[ʃi:]
het	it	[ɪt]
wij, we	we	[wi:]
jullie	you	[ju:]
zij, ze	they	[ðeɪ]

2. Begroetingen. Begroetingen. Afscheid

Hallo! Dag!	Hello!	[həˈləʊ]
Hallo!	Hello!	[həˈləʊ]
Goedemorgen!	Good morning!	[gʊd ˈmɔːnɪŋ]
Goedemiddag!	Good afternoon!	[gʊd ˌɑːftəˈnuːn]
Goedenavond!	Good evening!	[gʊd ˈiːvnɪŋ]
gedag zeggen (groeten)	to say hello	[tə seɪ həˈləʊ]
Hoi!	Hi!	[haɪ]
groeten (het)	greeting	[ˈgriːtɪŋ]
verwelkomen (ww)	to greet (vt)	[tə griːt]
Hoe gaat het?	How are you?	[ˌhaʊ ə ˈjuː]
Is er nog nieuws?	What's new?	[ˌwɒts ˈnjuː]
Dag! Tot ziens!	Bye-Bye! Goodbye!	[baɪ-baɪ], [gʊdˈbaɪ]
Tot snel! Tot ziens!	See you soon!	[ˈsiː ju ˌsuːn]
afscheid nemen (ww)	to say goodbye	[tə seɪ gʊdˈbaɪ]
Tot kijk!	Cheers!	[tʃɪəz]
Dank u!	Thank you!	[ˈθæŋk juː]
Dank u wel!	Thank you very much!	[ˈθæŋk ju ˈveri mʌtʃ]
Graag gedaan	My pleasure!	[maɪ ˈpleʒə(r)]
Geen dank!	Don't mention it!	[ˌdəʊnt ˈmenʃən ɪt]
Excuseer me, ...	Excuse me, ...	[ɪkˈskjuːz mi:]
excuseren (verontschuldigen)	to excuse (vt)	[tə ɪkˈskjuːz]
zich verontschuldigen	to apologize (vi)	[tə əˈpɒlədʒaɪz]
Mijn excuses.	My apologies.	[maɪ əˈpɒlədʒɪz]

Het spijt me!	I'm sorry!	[aɪm 'sɒrɪ]
Maakt niet uit!	It's okay!	[ɪts ˌəʊ'keɪ]
alsjeblieft	please	[pliːz]
Vergeet het niet!	Don't forget!	[ˌdəʊnt fə'get]
Natuurlijk!	Certainly!	['sɜːtənlɪ]
Natuurlijk niet!	Of course not!	[əv ˌkɔːs 'nɒt]
Akkoord!	Okay!	[ˌəʊ'keɪ]
Zo is het genoeg!	That's enough!	[ðæts ɪ'nʌf]

3. Hoe aan te spreken

meneer	mister, sir	['mɪstə], [sɜː]
mevrouw	madam	['mædəm]
juffrouw	miss	[mɪs]
jongeman	young man	[jʌŋ mæn]
jongen	young man	[jʌŋ mæn]
meisje	miss	[mɪs]

4. Kardinale getallen. Deel 1

nul	zero	['zɪərəʊ]
een	one	[wʌn]
twee	two	[tuː]
drie	three	[θriː]
vier	four	[fɔː(r)]
vijf	five	[faɪv]
zes	six	[sɪks]
zeven	seven	['sevən]
acht	eight	[eɪt]
negen	nine	[naɪn]
tien	ten	[ten]
elf	eleven	[ɪ'levən]
twaalf	twelve	[twelv]
dertien	thirteen	[ˌθɜː'tiːn]
veertien	fourteen	[ˌfɔː'tiːn]
vijftien	fifteen	[fɪf'tiːn]
zestien	sixteen	[sɪks'tiːn]
zeventien	seventeen	[ˌsevən'tiːn]
achttien	eighteen	[ˌeɪ'tiːn]
negentien	nineteen	[ˌnaɪn'tiːn]
twintig	twenty	['twentɪ]
eenentwintig	twenty-one	['twentɪ ˌwʌn]
tweeëntwintig	twenty-two	['twentɪ ˌtuː]
drieëntwintig	twenty-three	['twentɪ ˌθriː]
dertig	thirty	['θɜːtɪ]
eenendertig	thirty-one	['θɜːtɪ ˌwʌn]

| tweeëndertig | thirty-two | [ˈθɜːtɪˌtuː] |
| drieëndertig | thirty-three | [ˈθɜːtɪˌθriː] |

veertig	forty	[ˈfɔːtɪ]
eenenveertig	forty-one	[ˈfɔːtɪˌwʌn]
tweeënveertig	forty-two	[ˈfɔːtɪˌtuː]
drieënveertig	forty-three	[ˈfɔːtɪˌθriː]

vijftig	fifty	[ˈfɪftɪ]
eenenvijftig	fifty-one	[ˈfɪftɪˌwʌn]
tweeënvijftig	fifty-two	[ˈfɪftɪˌtuː]
drieënvijftig	fifty-three	[ˈfɪftɪˌθriː]

zestig	sixty	[ˈsɪkstɪ]
eenenzestig	sixty-one	[ˈsɪkstɪˌwʌn]
tweeënzestig	sixty-two	[ˈsɪkstɪˌtuː]
drieënzestig	sixty-three	[ˈsɪkstɪˌθriː]

zeventig	seventy	[ˈsevəntɪ]
eenenzeventig	seventy-one	[ˈsevəntɪˌwʌn]
tweeënzeventig	seventy-two	[ˈsevəntɪˌtuː]
drieënzeventig	seventy-three	[ˈsevəntɪˌθriː]

tachtig	eighty	[ˈeɪtɪ]
eenentachtig	eighty-one	[ˈeɪtɪˌwʌn]
tweeëntachtig	eighty-two	[ˈeɪtɪˌtuː]
drieëntachtig	eighty-three	[ˈeɪtɪˌθriː]

negentig	ninety	[ˈnaɪntɪ]
eenennegentig	ninety-one	[ˈnaɪntɪˌwʌn]
tweeënnegentig	ninety-two	[ˈnaɪntɪˌtuː]
drieënnegentig	ninety-three	[ˈnaɪntɪˌθriː]

5. Kardinale getallen. Deel 2

honderd	one hundred	[ˌwʌn ˈhʌndrəd]
tweehonderd	two hundred	[tu ˈhʌndrəd]
driehonderd	three hundred	[θriː ˈhʌndrəd]
vierhonderd	four hundred	[ˌfɔː ˈhʌndrəd]
vijfhonderd	five hundred	[ˌfaɪv ˈhʌndrəd]

| zeshonderd | six hundred | [sɪks ˈhʌndrəd] |
| zevenhonderd | seven hundred | [ˈsevən ˈhʌndrəd] |

| achthonderd | eight hundred | [eɪt ˈhʌndrəd] |
| negenhonderd | nine hundred | [ˌnaɪn ˈhʌndrəd] |

duizend	one thousand	[ˌwʌn ˈθaʊzənd]
tweeduizend	two thousand	[tu ˈθaʊzənd]
drieduizend	three thousand	[θriː ˈθaʊzənd]
tienduizend	ten thousand	[ten ˈθaʊzənd]
honderdduizend	one hundred thousand	[ˌwʌn ˈhʌndrəd ˈθaʊzənd]
miljoen (het)	million	[ˈmɪljən]
miljard (het)	billion	[ˈbɪljən]

6. Ordinale getallen

eerste (bn)	first	[fɜːst]
tweede (bn)	second	[ˈsekənd]
derde (bn)	third	[θɜːd]
vierde (bn)	fourth	[fɔːθ]
vijfde (bn)	fifth	[fɪfθ]
zesde (bn)	sixth	[sɪksθ]
zevende (bn)	seventh	[ˈsevənθ]
achtste (bn)	eighth	[eɪtθ]
negende (bn)	ninth	[naɪnθ]
tiende (bn)	tenth	[tenθ]

7. Getallen. Breuken

breukgetal (het)	fraction	[ˈfrækʃən]
half	one half	[ˌwʌn ˈhɑːf]
een derde	one third	[wʌn θɜːd]
kwart	one quarter	[wʌn ˈkwɔːtə(r)]
een achtste	one eighth	[wʌn ˈeɪtθ]
een tiende	one tenth	[wʌn tenθ]
twee derde	two thirds	[tu θɜːdz]
driekwart	three quarters	[θriː ˈkwɔːtəz]

8. Getallen. Eenvoudige berekeningen

aftrekking (de)	subtraction	[səbˈtrækʃən]
aftrekken (ww)	to subtract (vi, vt)	[tə səbˈtrækt]
deling (de)	division	[dɪˈvɪʒən]
delen (ww)	to divide (vt)	[tə dɪˈvaɪd]
optelling (de)	addition	[əˈdɪʃən]
erbij optellen (bij elkaar voegen)	to add up (vt)	[tə æd ˈʌp]
optellen (ww)	to add (vi, vt)	[tə æd]
vermenigvuldiging (de)	multiplication	[ˌmʌltɪplɪˈkeɪʃən]
vermenigvuldigen (ww)	to multiply (vt)	[tə ˈmʌltɪplaɪ]

9. Getallen. Diversen

cijfer (het)	figure	[ˈfɪgə(r)]
nummer (het)	number	[ˈnʌmbə(r)]
telwoord (het)	numeral	[ˈnjuːmərəl]
minteken (het)	minus sign	[ˈmaɪnəs saɪn]
plusteken (het)	plus sign	[plʌs saɪn]
formule (de)	formula	[ˈfɔːmjʊlə]
berekening (de)	calculation	[ˌkælkjʊˈleɪʃən]

| tellen (ww) | to count (vi, vt) | [tə kaʊnt] |
| vergelijken (ww) | to compare (vt) | [tə kəm'peə(r)] |

Hoeveel? (ontelb.)	How much?	[ˌhaʊ 'mʌtʃ]
Hoeveel? (telb.)	How many?	[ˌhaʊ 'menɪ]
som (de), totaal (het)	sum, total	[sʌm], ['təʊtəl]
uitkomst (de)	result	[rɪ'zʌlt]
rest (de)	remainder	[rɪ'meɪndə(r)]

enkele (bijv. ~ minuten)	a few ...	[ə fjuː]
weinig (bw)	little	['lɪtəl]
restant (het)	the rest	[ðə rest]
anderhalf	one and a half	['wʌn ənd ə ˌhɑːf]
dozijn (het)	dozen	['dʌzən]

middendoor (bw)	in half	[ɪn 'hɑːf]
even (bw)	equally	['iːkwəlɪ]
helft (de)	half	[hɑːf]
keer (de)	time	[taɪm]

10. De belangrijkste werkwoorden. Deel 1

aanbevelen (ww)	to recommend (vt)	[tə ˌrekə'mend]
aandringen (ww)	to insist (vi, vt)	[tə ɪn'sɪst]
aankomen (per auto, enz.)	to arrive (vi)	[tə ə'raɪv]
aanraken (ww)	to touch (vt)	[tə tʌtʃ]
adviseren (ww)	to advise (vt)	[tə əd'vaɪz]

afdalen (on.ww.)	to come down	[tə kʌm daʊn]
afslaan (naar rechts ~)	to turn (vi)	[tə tɜːn]
antwoorden (ww)	to answer (vi, vt)	[tə 'ɑːnsə(r)]
bang zijn (ww)	to be afraid	[tə bi ə'freɪd]
bedreigen	to threaten (vt)	[tə 'θretən]
(bijv. met een pistool)		

bedriegen (ww)	to deceive (vi, vt)	[tə dɪ'siːv]
beëindigen (ww)	to finish (vt)	[tə 'fɪnɪʃ]
beginnen (ww)	to begin (vt)	[tə bɪ'gɪn]
begrijpen (ww)	to understand (vt)	[təˌʌndə'stænd]
beheren (managen)	to run, to manage	[tə rʌn], [tə 'mænɪdʒ]

| beledigen | to insult (vt) | [tə ɪn'sʌlt] |
| (met scheldwoorden) | | |

beloven (ww)	to promise (vt)	[tə 'prɒmɪs]
bereiden (koken)	to cook (vt)	[tə kʊk]
bespreken (spreken over)	to discuss (vt)	[tə dɪs'kʌs]

bestellen (eten ~)	to order (vt)	[tə 'ɔːdə(r)]
bestraffen (een stout kind ~)	to punish (vt)	[tə 'pʌnɪʃ]
betalen (ww)	to pay (vi, vt)	[tə peɪ]
betekenen (beduiden)	to mean (vt)	[tə miːn]
betreuren (ww)	to regret (vi)	[tə rɪ'gret]
bevallen (prettig vinden)	to fancy (vt)	[tə 'fænsɪ]
bevelen (mil.)	to order (vi, vt)	[tə 'ɔːdə(r)]

bevrijden (stad, enz.)	to liberate (vt)	[tə 'lıbəreıt]
bewaren (ww)	to keep (vt)	[tə ki:p]
bezitten (ww)	to own (vt)	[tə əʊn]

bidden (praten met God)	to pray (vi, vt)	[tə preı]
binnengaan (een kamer ~)	to enter (vt)	[tə 'entə(r)]
breken (ww)	to break (vt)	[tə breık]
controleren (ww)	to control (vt)	[tə kən'trəʊl]
creëren (ww)	to create (vt)	[tə kri:'eıt]

deelnemen (ww)	to participate (vi)	[tə pɑ:'tısıpeıt]
denken (ww)	to think (vi, vt)	[tə θıŋk]
doden (ww)	to kill (vt)	[tə kıl]
doen (ww)	to do (vt)	[tə du:]
dorst hebben (ww)	to be thirsty	[tə bi 'θɜ:stı]

11. De belangrijkste werkwoorden. Deel 2

een hint geven	to give a hint	[tə gıv ə hınt]
eisen (met klem vragen)	to demand (vt)	[tə dı'mɑ:nd]
excuseren (vergeven)	to excuse (vt)	[tə ık'skju:z]
existeren (bestaan)	to exist (vi)	[tə ıg'zıst]
gaan (te voet)	to go (vi)	[tə gəʊ]

gaan zitten (ww)	to sit down (vi)	[tə sıt daʊn]
gaan zwemmen	to go for a swim	[tə gəʊ fərə swım]
geven (ww)	to give (vt)	[tə gıv]
glimlachen (ww)	to smile (vi)	[tə smaıl]
goed raden (ww)	to guess (vt)	[tə ges]

grappen maken (ww)	to joke (vi)	[tə dʒəʊk]
graven (ww)	to dig (vt)	[tə dıg]

hebben (ww)	to have (vt)	[tə hæv]
helpen (ww)	to help (vt)	[tə help]
herhalen (opnieuw zeggen)	to repeat (vt)	[tə rı'pi:t]
honger hebben (ww)	to be hungry	[tə bi 'hʌŋgrı]

hopen (ww)	to hope (vi, vt)	[tə həʊp]
horen (waarnemen met het oor)	to hear (vt)	[tə hıə(r)]

huilen (wenen)	to cry (vi)	[tə kraı]
huren (huis, kamer)	to rent (vt)	[tə rent]
informeren (informatie geven)	to inform (vt)	[tə ın'fɔ:m]

instemmen (akkoord gaan)	to agree (vi)	[tə ə'gri:]
jagen (ww)	to hunt (vi, vt)	[tə hʌnt]
kennen (kennis hebben van iemand)	to know (vt)	[tə nəʊ]
kiezen (ww)	to choose (vt)	[tə tʃu:z]
klagen (ww)	to complain (vi, vt)	[tə kəm'pleın]

kosten (ww)	to cost (vt)	[tə kɒst]
kunnen (ww)	can (v aux)	[kæn]

lachen (ww)	to laugh (vi)	[tə lɑːf]
laten vallen (ww)	to drop (vt)	[tə drɒp]
lezen (ww)	to read (vi, vt)	[tə riːd]

liefhebben (ww)	to love (vt)	[tə lʌv]
lunchen (ww)	to have lunch	[tə hæv lʌntʃ]
nemen (ww)	to take (vt)	[tə teɪk]
nodig zijn (ww)	to be needed	[tə bi 'niːdɪd]

12. De belangrijkste werkwoorden. Deel 3

onderschatten (ww)	to underestimate (vt)	[tə ˌʌndə'restɪmeɪt]
ondertekenen (ww)	to sign (vt)	[tə saɪn]
ontbijten (ww)	to have breakfast	[tə hæv 'brekfəst]
openen (ww)	to open (vt)	[tə 'əʊpən]
ophouden (ww)	to stop (vt)	[tə stɒp]
opmerken (zien)	to notice (vt)	[tə 'nəʊtɪs]

opscheppen (ww)	to boast (vi)	[tə bəʊst]
opschrijven (ww)	to write down	[tə ˌraɪt 'daʊn]
plannen (ww)	to plan (vt)	[tə plæn]
prefereren (verkiezen)	to prefer (vt)	[tə prɪ'fɜː(r)]
proberen (trachten)	to try (vt)	[tə traɪ]
redden (ww)	to save, to rescue	[tə seɪv], [tə 'reskjuː]

rekenen op ...	to count on ...	[tə kaʊnt ɒn]
rennen (ww)	to run (vi)	[tə rʌn]
reserveren (een hotelkamer ~)	to reserve, to book	[tə rɪ'zɜːv], [tə bʊk]
roepen (om hulp)	to call (vt)	[tə kɔːl]
schieten (ww)	to shoot (vi)	[tə ʃuːt]
schreeuwen (ww)	to shout (vi)	[tə ʃaʊt]

schrijven (ww)	to write (vt)	[tə raɪt]
souperen (ww)	to have dinner	[tə hæv 'dɪnə(r)]
spelen (kinderen)	to play (vi)	[tə pleɪ]
spreken (ww)	to speak (vi, vt)	[tə spiːk]

| stelen (ww) | to steal (vt) | [tə stiːl] |
| stoppen (pauzeren) | to stop (vi) | [tə stɒp] |

studeren (Nederlands ~)	to study (vt)	[tə 'stʌdɪ]
sturen (zenden)	to send (vt)	[tə send]
tellen (optellen)	to count (vt)	[tə kaʊnt]
toebehoren ...	to belong to ...	[tə bɪ'lɒŋ tuː]

| toestaan (ww) | to permit (vt) | [tə pə'mɪt] |
| tonen (ww) | to show (vt) | [tə ʃəʊ] |

twijfelen (onzeker zijn)	to doubt (vi)	[tə daʊt]
uitgaan (ww)	to go out	[tə gəʊ aʊt]
uitnodigen (ww)	to invite (vt)	[tə ɪn'vaɪt]
uitspreken (ww)	to pronounce (vt)	[tə prə'naʊns]
uitvaren tegen (ww)	to scold (vt)	[tə skəʊld]

13. De belangrijkste werkwoorden. Deel 4

vallen (ww)	to fall (vi)	[tə fɔ:l]
vangen (ww)	to catch (vt)	[tə kætʃ]
veranderen (anders maken)	to change (vt)	[tə tʃeɪndʒ]
verbaasd zijn (ww)	to be surprised	[tə bi sə'praɪzd]
verbergen (ww)	to hide (vt)	[tə haɪd]
verdedigen (je land ~)	to defend (vt)	[tə dɪ'fend]
verenigen (ww)	to unite (vt)	[tə ju:'naɪt]
vergelijken (ww)	to compare (vt)	[tə kəm'peə(r)]
vergeten (ww)	to forget (vi, vt)	[tə fə'get]
vergeven (ww)	to forgive (vt)	[tə fə'gɪv]
verklaren (uitleggen)	to explain (vt)	[tə ɪk'spleɪn]
verkopen (per stuk ~)	to sell (vt)	[tə sel]
vermelden (praten over)	to mention (vt)	[tə 'menʃən]
versieren (decoreren)	to decorate (vt)	[tə 'dekəreɪt]
vertalen (ww)	to translate (vt)	[tə træns'leɪt]
vertrouwen (ww)	to trust (vt)	[tə trʌst]
vervolgen (ww)	to continue (vt)	[tə kən'tɪnju:]
verwarren (met elkaar ~)	to confuse, to mix up (vt)	[tə kən'fju:z], [tə mɪks ʌp]
verzoeken (ww)	to ask (vt)	[tə ɑ:sk]
verzuimen (school, enz.)	to miss (vt)	[tə mɪs]
vinden (ww)	to find (vt)	[tə faɪnd]
vliegen (ww)	to fly (vi)	[tə flaɪ]
volgen (ww)	to follow ...	[tə 'fɒləʊ]
voorstellen (ww)	to propose (vt)	[tə prə'pəʊz]
voorzien (verwachten)	to expect (vt)	[tə ɪk'spekt]
vragen (ww)	to ask (vt)	[tə ɑ:sk]
waarnemen (ww)	to observe (vt)	[tə əb'zɜ:v]
waarschuwen (ww)	to warn (vt)	[tə wɔ:n]
wachten (ww)	to wait (vt)	[tə weɪt]
weerspreken (ww)	to object (vi, vt)	[tə əb'dʒekt]
weigeren (ww)	to refuse (vi, vt)	[tə rɪ'fju:z]
werken (ww)	to work (vi)	[tə wɜ:k]
weten (ww)	to know (vt)	[tə nəʊ]
willen (verlangen)	to want (vt)	[tə wɒnt]
zeggen (ww)	to say (vt)	[tə seɪ]
zich haasten (ww)	to hurry (vi)	[tə 'hʌrɪ]
zich interesseren voor ...	to be interested in ...	[tə bi 'ɪntrestɪd ɪn]
zich vergissen (ww)	to make a mistake	[tə meɪk ə mɪ'steɪk]
zien (ww)	to see (vt)	[tə si:]
zijn (ww)	to be (vi)	[tə bi:]
zoeken (ww)	to look for ...	[tə lʊk fɔ:(r)]
zwemmen (ww)	to swim (vi)	[tə swɪm]
zwijgen (ww)	to keep silent	[tə ki:p 'saɪlənt]

14. Kleuren

kleur (de)	colour	['kʌlə(r)]
tint (de)	shade	[ʃeɪd]
kleurnuance (de)	hue	[hju:]
regenboog (de)	rainbow	['reɪnbəʊ]
wit (bn)	white	[waɪt]
zwart (bn)	black	[blæk]
grijs (bn)	grey	[greɪ]
groen (bn)	green	[gri:n]
geel (bn)	yellow	['jeləʊ]
rood (bn)	red	[red]
blauw (bn)	blue	[blu:]
lichtblauw (bn)	light blue	[ˌlaɪt 'blu:]
roze (bn)	pink	[pɪŋk]
oranje (bn)	orange	['ɒrɪndʒ]
violet (bn)	violet	['vaɪələt]
bruin (bn)	brown	[braʊn]
goud (bn)	golden	['gəʊldən]
zilverkleurig (bn)	silvery	['sɪlvərɪ]
beige (bn)	beige	[beɪʒ]
roomkleurig (bn)	cream	[kri:m]
turkoois (bn)	turquoise	['tɜ:kwɔɪz]
kersrood (bn)	cherry red	['tʃerɪ red]
lila (bn)	lilac	['laɪlək]
karmijnrood (bn)	crimson	['krɪmzən]
licht (bn)	light	[laɪt]
donker (bn)	dark	[dɑ:k]
fel (bn)	bright	[braɪt]
kleur-, kleurig (bn)	coloured	['kʌləd]
kleuren- (abn)	colour	['kʌlə(r)]
zwart-wit (bn)	black-and-white	[blæk ən waɪt]
eenkleurig (bn)	plain	[pleɪn]
veelkleurig (bn)	multicoloured	['mʌltɪˌkʌləd]

15. Vragen

Wie?	Who?	[hu:]
Wat?	What?	[wɒt]
Waar?	Where?	[weə]
Waarheen?	Where?	[weə]
Waar ... vandaan?	From where?	[frəm weə(r)]
Wanneer?	When?	[wen]
Waarom?	Why?	[waɪ]
Waarvoor dan ook?	What for?	[wɒt fɔ:(r)]
Hoe?	How?	[haʊ]

Welk?	Which?	[wɪtʃ]
Aan wie?	To whom?	[tə huːm]
Over wie?	About whom?	[əˈbaʊt ˌhuːm]
Waarover?	About what?	[əˈbaʊt ˌwɒt]
Met wie?	With whom?	[wɪð ˈhuːm]
Hoeveel? (telb.)	How many?	[ˌhaʊ ˈmenɪ]
Hoeveel? (ontelb.)	How much?	[ˌhaʊ ˈmʌtʃ]
Van wie?	Whose?	[huːz]

16. Voorzetsels

met (bijv. ~ beleg)	with	[wɪð]
zonder (~ accent)	without	[wɪˈðaʊt]
naar (in de richting van)	to	[tuː]
over (praten ~)	about	[əˈbaʊt]
voor (in tijd)	before	[bɪˈfɔː(r)]
voor (aan de voorkant)	in front of ...	[ɪn ˈfrʌnt əv]
onder (lager dan)	under	[ˈʌndə(r)]
boven (hoger dan)	above	[əˈbʌv]
op (bovenop)	on	[ɒn]
van (uit, afkomstig van)	from	[frɒm]
van (gemaakt van)	of	[əv]
over (bijv. ~ een uur)	in	[ɪn]
over (over de bovenkant)	over	[ˈəʊvə(r)]

17. Functiewoorden. Bijwoorden. Deel 1

Waar?	Where?	[weə]
hier (bw)	here	[hɪə(r)]
daar (bw)	there	[ðeə(r)]
ergens (bw)	somewhere	[ˈsʌmweə(r)]
nergens (bw)	nowhere	[ˈnəʊweə(r)]
bij ... (in de buurt)	by	[baɪ]
bij het raam	by the window	[baɪ ðə ˈwɪndəʊ]
Waarheen?	Where?	[weə]
hierheen (bw)	here	[hɪə(r)]
daarheen (bw)	there	[ðeə(r)]
hiervandaan (bw)	from here	[frɒm hɪə(r)]
daarvandaan (bw)	from there	[frɒm ðeə(r)]
dichtbij (bw)	close	[kləʊs]
ver (bw)	far	[fɑː(r)]
niet ver (bw)	not far	[nɒt fɑː(r)]
linker (bn)	left	[left]
links (bw)	on the left	[ɒn ðə left]

linksaf, naar links (bw)	to the left	[tə ðə left]
rechter (bn)	right	[raɪt]
rechts (bw)	on the right	[ɒn ðə raɪt]
rechtsaf, naar rechts (bw)	to the right	[tə ðə raɪt]
vooraan (bw)	in front	[ɪn frʌnt]
voorste (bn)	front	[frʌnt]
vooruit (bw)	ahead	[ə'hed]
achter (bw)	behind	[bɪ'haɪnd]
van achteren (bw)	from behind	[from bɪ'haɪnd]
achteruit (naar achteren)	back	[bæk]
midden (het)	middle	['mɪdəl]
in het midden (bw)	in the middle	[ɪn ðə 'mɪdəl]
opzij (bw)	at the side	[ət ðə saɪd]
overal (bw)	everywhere	['evrɪweə(r)]
omheen (bw)	around	[ə'raʊnd]
binnenuit (bw)	from inside	[from ɪn'saɪd]
naar ergens (bw)	somewhere	['sʌmweə(r)]
rechtdoor (bw)	straight	[streɪt]
terug (bijv. ~ komen)	back	[bæk]
ergens vandaan (bw)	from anywhere	[from 'enɪweə(r)]
ergens vandaan	from somewhere	[from 'sʌmweə(r)]
(en dit geld moet ~ komen)		
ten eerste (bw)	firstly	['fɜːstlɪ]
ten tweede (bw)	secondly	['sekəndlɪ]
ten derde (bw)	thirdly	['θɜːdlɪ]
plotseling (bw)	suddenly	['sʌdənlɪ]
in het begin (bw)	at first	[ət fɜːst]
voor de eerste keer (bw)	for the first time	[fɔː ðə 'fɜːst ˌtaɪm]
lang voor ... (bw)	long before ...	[lɒŋ bɪ'fɔː(r)]
voor eeuwig (bw)	for good	[fɔː 'gʊd]
nooit (bw)	never	['nevə(r)]
weer (bw)	again	[ə'gen]
nu (bw)	now	[naʊ]
vaak (bw)	often	['ɒfən]
toen (bw)	then	[ðen]
urgent (bw)	urgently	['ɜːdʒəntlɪ]
meestal (bw)	usually	['juːʒəlɪ]
trouwens, ...	by the way, ...	[baɪ ðə weɪ]
(tussen haakjes)		
mogelijk (bw)	possible	['pɒsəbəl]
waarschijnlijk (bw)	probably	['prɒbəblɪ]
misschien (bw)	maybe	['meɪbiː]
trouwens (bw)	besides ...	[bɪ'saɪdz]
daarom ...	that's why ...	[ðæts waɪ]
in weerwil van ...	in spite of ...	[ɪn 'spaɪt əv]
dankzij ...	thanks to ...	['θæŋks tuː]

wat (vn)	what	[wɒt]
dat (vw)	that	[ðæt]
iets (vn)	something	['sʌmθɪŋ]
iets	anything, something	['enɪθɪŋ], ['sʌmθɪŋ]
niets (vn)	nothing	['nʌθɪŋ]
wie (~ is daar?)	who	[hu:]
iemand (een onbekende)	someone	['sʌmwʌn]
iemand (een bepaald persoon)	somebody	['sʌmbədɪ]
niemand (vn)	nobody	['nəʊbədɪ]
nergens (bw)	nowhere	['nəʊweə(r)]
niemands (bn)	nobody's	['nəʊbədɪz]
iemands (bn)	somebody's	['sʌmbədɪz]
zo (Ik ben ~ blij)	so	[səʊ]
ook (evenals)	also	['ɔ:lsəʊ]
alsook (eveneens)	too	[tu:]

18. Functiewoorden. Bijwoorden. Deel 2

Waarom?	Why?	[waɪ]
om een bepaalde reden	for some reason	[fɔ: 'sʌm ˌri:zən]
omdat ...	because ...	[bɪ'kɒz]
en (vw)	and	[ænd]
of (vw)	or	[ɔ:(r)]
maar (vw)	but	[bʌt]
voor (vz)	for	[fɔ:r]
te (~ veel mensen)	too	[tu:]
alleen (bw)	only	['əʊnlɪ]
precies (bw)	exactly	[ɪg'zæktlɪ]
ongeveer (~ 10 kg)	about	[ə'baʊt]
omstreeks (bw)	approximately	[ə'prɒksɪmətlɪ]
bij benadering (bn)	approximate	[ə'prɒksɪmət]
bijna (bw)	almost	['ɔ:lməʊst]
rest (de)	the rest	[ðə rest]
de andere (tweede)	the other	[ðə ʌðə(r)]
ander (bn)	other	['ʌðə(r)]
elk (bn)	each	[i:tʃ]
om het even welk	any	['enɪ]
veel (telb.)	many	['menɪ]
veel (ontelb.)	much	[mʌtʃ]
veel mensen	many people	[ˌmenɪ 'pi:pəl]
iedereen (alle personen)	all	[ɔ:l]
in ruil voor ...	in return for ...	[ɪn rɪ'tɜ:n fɔ:]
in ruil (bw)	in exchange	[ɪn ɪks'tʃeɪndʒ]
met de hand (bw)	by hand	[baɪ hænd]
onwaarschijnlijk (bw)	hardly	['hɑ:dlɪ]

waarschijnlijk (bw)	probably	['prɒbəblɪ]
met opzet (bw)	on purpose	[ɒn 'pɜ:pəs]
toevallig (bw)	by accident	[baɪ 'æksɪdənt]
zeer (bw)	very	['verɪ]
bijvoorbeeld (bw)	for example	[fɔ:r ɪg'zɑ:mpəl]
tussen (~ twee steden)	between	[bɪ'twi:n]
tussen (te midden van)	among	[ə'mʌŋ]
zoveel (bw)	so much	[səʊ mʌtʃ]
vooral (bw)	especially	[ɪ'speʃəlɪ]

Basisbegrippen Deel 2

19. Dagen van de week

maandag (de)	Monday	[ˈmʌndɪ]
dinsdag (de)	Tuesday	[ˈtjuːzdɪ]
woensdag (de)	Wednesday	[ˈwenzdɪ]
donderdag (de)	Thursday	[ˈθɜːzdɪ]
vrijdag (de)	Friday	[ˈfraɪdɪ]
zaterdag (de)	Saturday	[ˈsætədɪ]
zondag (de)	Sunday	[ˈsʌndɪ]
vandaag (bw)	today	[təˈdeɪ]
morgen (bw)	tomorrow	[təˈmɒrəʊ]
overmorgen (bw)	the day after tomorrow	[ðə deɪ ˈɑːftə təˈmɒrəʊ]
gisteren (bw)	yesterday	[ˈjestədɪ]
eergisteren (bw)	the day before yesterday	[ðə deɪ bɪˈfɔː ˈjestədɪ]
dag (de)	day	[deɪ]
werkdag (de)	working day	[ˈwɜːkɪŋ deɪ]
feestdag (de)	public holiday	[ˈpʌblɪk ˈhɒlɪdeɪ]
verlofdag (de)	day off	[ˌdeɪˈɒf]
weekend (het)	weekend	[ˌwiːkˈend]
de hele dag (bw)	all day long	[ɔːl ˈdeɪ ˌlɒŋ]
de volgende dag (bw)	the next day	[ðə nekst deɪ]
twee dagen geleden	two days ago	[tu deɪz əˈgəʊ]
aan de vooravond (bw)	the day before	[ðə deɪ bɪˈfɔː(r)]
dag-, dagelijks (bn)	daily	[ˈdeɪlɪ]
elke dag (bw)	every day	[ˌevrɪ ˈdeɪ]
week (de)	week	[wiːk]
vorige week (bw)	last week	[ˌlɑːst ˈwiːk]
volgende week (bw)	next week	[ˌnekst ˈwiːk]
wekelijks (bn)	weekly	[ˈwiːklɪ]
elke week (bw)	every week	[ˌevrɪ ˈwiːk]
twee keer per week	twice a week	[ˌtwaɪs ə ˈwiːk]
elke dinsdag	every Tuesday	[ˈevrɪ ˈtjuːzdɪ]

20. Uren. Dag en nacht

morgen (de)	morning	[ˈmɔːnɪŋ]
's morgens (bw)	in the morning	[ɪn ðə ˈmɔːnɪŋ]
middag (de)	noon, midday	[nuːn], [ˈmɪddeɪ]
's middags (bw)	in the afternoon	[ɪn ðə ˌɑːftəˈnuːn]
avond (de)	evening	[ˈiːvnɪŋ]
's avonds (bw)	in the evening	[ɪn ðɪ ˈiːvnɪŋ]

nacht (de)	night	[naɪt]
's nachts (bw)	at night	[ət naɪt]
middernacht (de)	midnight	[ˈmɪdnaɪt]

seconde (de)	second	[ˈsekənd]
minuut (de)	minute	[ˈmɪnɪt]
uur (het)	hour	[ˈaʊə(r)]
halfuur (het)	half an hour	[ˌhɑːf ən ˈaʊə(r)]
kwartier (het)	a quarter-hour	[ə ˈkwɔːtərˈaʊə(r)]
vijftien minuten	fifteen minutes	[fɪfˈtiːn ˈmɪnɪts]
etmaal (het)	twenty four hours	[ˈtwentɪ fɔːrˈaʊəz]

zonsopgang (de)	sunrise	[ˈsʌnraɪz]
dageraad (de)	dawn	[dɔːn]
vroege morgen (de)	early morning	[ˈɜːlɪ ˈmɔːnɪŋ]
zonsondergang (de)	sunset	[ˈsʌnset]

's morgens vroeg (bw)	early in the morning	[ˈɜːlɪ ɪn ðə ˈmɔːnɪŋ]
vanmorgen (bw)	this morning	[ðɪs ˈmɔːnɪŋ]
morgenochtend (bw)	tomorrow morning	[təˈmɒrəʊ ˈmɔːnɪŋ]

vanmiddag (bw)	this afternoon	[ðɪs ˌɑːftəˈnuːn]
's middags (bw)	in the afternoon	[ɪn ðə ˌɑːftəˈnuːn]
morgenmiddag (bw)	tomorrow afternoon	[təˈmɒrəʊ ˌɑːftəˈnuːn]

vanavond (bw)	tonight	[təˈnaɪt]
morgenavond (bw)	tomorrow night	[təˈmɒrəʊ naɪt]

klokslag drie uur	at 3 o'clock sharp	[ət θriː əˈklɒk ʃɑːp]
ongeveer vier uur	about 4 o'clock	[əˈbaʊt ˌfɔːrəˈklɒk]
tegen twaalf uur	by 12 o'clock	[baɪ twelv əˈklɒk]

over twintig minuten	in 20 minutes	[ɪn ˈtwentɪ ˌmɪnɪts]
over een uur	in an hour	[ɪn ən ˈaʊə(r)]
op tijd (bw)	on time	[ɒn ˈtaɪm]

kwart voor ...	a quarter to ...	[ə ˈkwɔːtə tə]
binnen een uur	within an hour	[wɪˈðɪn æn ˈaʊə(r)]
elk kwartier	every 15 minutes	[ˈevrɪ fɪfˈtiːn ˈmɪnɪts]
de klok rond	round the clock	[ˈraʊnd ðə ˌklɒk]

21. Maanden. Seizoenen

januari (de)	January	[ˈdʒænjʊərɪ]
februari (de)	February	[ˈfebrʊərɪ]
maart (de)	March	[mɑːtʃ]
april (de)	April	[ˈeɪprəl]
mei (de)	May	[meɪ]
juni (de)	June	[dʒuːn]

juli (de)	July	[dʒuːˈlaɪ]
augustus (de)	August	[ˈɔːgəst]
september (de)	September	[sepˈtembə(r)]
oktober (de)	October	[ɒkˈtəʊbə(r)]

november (de)	November	[nəʊˈvembə(r)]
december (de)	December	[dɪˈsembə(r)]
lente (de)	spring	[sprɪŋ]
in de lente (bw)	in spring	[ɪn sprɪŋ]
lente- (abn)	spring	[sprɪŋ]
zomer (de)	summer	[ˈsʌmə(r)]
in de zomer (bw)	in summer	[ɪn ˈsʌmə(r)]
zomer-, zomers (bn)	summer	[ˈsʌmə(r)]
herfst (de)	autumn	[ˈɔːtəm]
in de herfst (bw)	in autumn	[ɪn ˈɔːtəm]
herfst- (abn)	autumn	[ˈɔːtəm]
winter (de)	winter	[ˈwɪntə(r)]
in de winter (bw)	in winter	[ɪn ˈwɪntə(r)]
winter- (abn)	winter	[ˈwɪntə(r)]
maand (de)	month	[mʌnθ]
deze maand (bw)	this month	[ðɪs mʌnθ]
volgende maand (bw)	next month	[ˌnekst ˈmʌnθ]
vorige maand (bw)	last month	[ˌlɑːst ˈmʌnθ]
een maand geleden (bw)	a month ago	[əˌmʌnθ əˈgəʊ]
over een maand (bw)	in a month	[ɪn ə ˈmʌnθ]
over twee maanden (bw)	in two months	[ɪn ˌtuː ˈmʌnθs]
de hele maand (bw)	the whole month	[ðə ˌhəʊl ˈmʌnθ]
een volle maand (bw)	all month long	[ɔːl ˈmʌnθ ˌlɒŋ]
maand-, maandelijks (bn)	monthly	[ˈmʌnθlɪ]
maandelijks (bw)	monthly	[ˈmʌnθlɪ]
elke maand (bw)	every month	[ˌevrɪ ˈmʌnθ]
twee keer per maand	twice a month	[ˌtwaɪs ə ˈmʌnθ]
jaar (het)	year	[jɪə(r)]
dit jaar (bw)	this year	[ðɪs jɪə(r)]
volgend jaar (bw)	next year	[ˌnekst ˈjɪə(r)]
vorig jaar (bw)	last year	[ˌlɑːst ˈjɪə(r)]
een jaar geleden (bw)	a year ago	[ə ˌjɪərəˈgəʊ]
over een jaar	in a year	[ɪn ə ˈjɪə(r)]
over twee jaar	in two years	[ɪn ˌtuː ˈjɪəz]
het hele jaar	the whole year	[ðə ˌhəʊl ˈjɪə(r)]
een vol jaar	all year long	[ɔːl ˈjɪə ˌlɒŋ]
elk jaar	every year	[ˌevrɪ ˈjɪə(r)]
jaar-, jaarlijks (bn)	annual	[ˈænjʊəl]
jaarlijks (bw)	annually	[ˈænjʊəlɪ]
4 keer per jaar	4 times a year	[fɔː taɪmz əˌjɪər]
datum (de)	date	[deɪt]
datum (de)	date	[deɪt]
kalender (de)	calendar	[ˈkælɪndə(r)]
een half jaar	half a year	[ˌhɑːf ə ˈjɪə(r)]
zes maanden	six months	[sɪks mʌnθs]
seizoen (bijv. lente, zomer)	season	[ˈsiːzən]

22. Meeteenheden

gewicht (het)	weight	[weɪt]
lengte (de)	length	[leŋθ]
breedte (de)	width	[wɪdθ]
hoogte (de)	height	[haɪt]
diepte (de)	depth	[depθ]
volume (het)	volume	[ˈvɒljuːm]
oppervlakte (de)	area	[ˈeərɪə]
gram (het)	gram	[græm]
milligram (het)	milligram	[ˈmɪlɪgræm]
kilogram (het)	kilogram	[ˈkɪləˌgræm]
ton (duizend kilo)	ton	[tʌn]
pond (het)	pound	[paʊnd]
ons (het)	ounce	[aʊns]
meter (de)	metre	[ˈmiːtə(r)]
millimeter (de)	millimetre	[ˈmɪlɪˌmiːtə(r)]
centimeter (de)	centimetre	[ˈsentɪˌmiːtə(r)]
kilometer (de)	kilometre	[ˈkɪləˌmiːtə(r)]
mijl (de)	mile	[maɪl]
duim (de)	inch	[ɪntʃ]
voet (de)	foot	[fʊt]
yard (de)	yard	[jɑːd]
vierkante meter (de)	square metre	[skweə ˈmiːtə(r)]
hectare (de)	hectare	[ˈhekteə(r)]
liter (de)	litre	[ˈliːtə(r)]
graad (de)	degree	[dɪˈgriː]
volt (de)	volt	[vəʊlt]
ampère (de)	ampere	[ˈæmpeə(r)]
paardenkracht (de)	horsepower	[ˈhɔːsˌpaʊə(r)]
hoeveelheid (de)	quantity	[ˈkwɒntɪtɪ]
een beetje ...	a little bit of ...	[ə ˈlɪtəl bɪt əv]
helft (de)	half	[hɑːf]
dozijn (het)	dozen	[ˈdʌzən]
stuk (het)	piece	[piːs]
afmeting (de)	size	[saɪz]
schaal (bijv. ~ van 1 op 50)	scale	[skeɪl]
minimaal (bn)	minimal	[ˈmɪnɪməl]
minste (bn)	the smallest	[ðə ˈsmɔːləst]
medium (bn)	medium	[ˈmiːdɪəm]
maximaal (bn)	maximal	[ˈmæksɪməl]
grootste (bn)	the largest	[ðə ˈlɑːdʒɪst]

23. Containers

glazen pot (de)	jar	[dʒɑː(r)]
blik (conserven~)	tin	[tɪn]

emmer (de)	bucket	['bʌkɪt]
ton (bijv. regenton)	barrel	['bærəl]

ronde waterbak (de)	basin	['beɪsən]
tank (bijv. watertank-70-ltr)	tank	[tæŋk]
heupfles (de)	hip flask	[hɪp flɑːsk]
jerrycan (de)	jerrycan	['dʒerɪkæn]
tank (bijv. ketelwagen)	cistern	['sɪstən]

beker (de)	mug	[mʌg]
kopje (het)	cup	[kʌp]
schoteltje (het)	saucer	['sɔːsə(r)]
glas (het)	glass	[glɑːs]
wijnglas (het)	glass	[glɑːs]
steelpan (de)	saucepan	['sɔːspən]

fles (de)	bottle	['bɒtəl]
flessenhals (de)	neck	[nek]

karaf (de)	carafe	[kə'ræf]
kruik (de)	jug	[dʒʌg]
vat (het)	vessel	['vesəl]
pot (de)	pot	[pɒt]
vaas (de)	vase	[vɑːz]

flacon (de)	bottle	['bɒtəl]
flesje (het)	vial, small bottle	['vaɪəl], [smɔːl 'bɒtəl]
tube (bijv. ~ tandpasta)	tube	[tjuːb]

zak (bijv. ~ aardappelen)	sack	[sæk]
tasje (het)	bag	[bæg]
pakje (~ sigaretten, enz.)	packet	['pækɪt]

doos (de)	box	[bɒks]
kist (de)	box	[bɒks]
mand (de)	basket	['bɑːskɪt]

MENS

Mens. Het lichaam

24. Hoofd

hoofd (het)	head	[hed]
gezicht (het)	face	[feɪs]
neus (de)	nose	[nəʊz]
mond (de)	mouth	[maʊθ]
oog (het)	eye	[aɪ]
ogen (mv.)	eyes	[aɪz]
pupil (de)	pupil	[ˈpjuːpəl]
wenkbrauw (de)	eyebrow	[ˈaɪbraʊ]
wimper (de)	eyelash	[ˈaɪlæʃ]
ooglid (het)	eyelid	[ˈaɪlɪd]
tong (de)	tongue	[tʌŋ]
tand (de)	tooth	[tuːθ]
lippen (mv.)	lips	[lɪps]
jukbeenderen (mv.)	cheekbones	[ˈtʃiːkbəʊnz]
tandvlees (het)	gum	[gʌm]
gehemelte (het)	palate	[ˈpælət]
neusgaten (mv.)	nostrils	[ˈnɒstrɪlz]
kin (de)	chin	[tʃɪn]
kaak (de)	jaw	[dʒɔː]
wang (de)	cheek	[tʃiːk]
voorhoofd (het)	forehead	[ˈfɔːhed]
slaap (de)	temple	[ˈtempəl]
oor (het)	ear	[ɪə(r)]
achterhoofd (het)	back of the head	[ˈbæk əv ðə ˌhed]
hals (de)	neck	[nek]
keel (de)	throat	[θrəʊt]
haren (mv.)	hair	[heə(r)]
kapsel (het)	hairstyle	[ˈheəstaɪl]
haarsnit (de)	haircut	[ˈheəkʌt]
pruik (de)	wig	[wɪg]
snor (de)	moustache	[məˈstɑːʃ]
baard (de)	beard	[bɪəd]
dragen (een baard, enz.)	to have (vt)	[tə hæv]
vlecht (de)	plait	[plæt]
bakkebaarden (mv.)	sideboards	[ˈsaɪdbɔːdz]
ros (roodachtig, rossig)	red-haired	[ˈred ˌheəd]
grijs (~ haar)	grey	[greɪ]

| kaal (bn) | bald | [bɔːld] |
| kale plek (de) | bald patch | [bɔːld pætʃ] |

| paardenstaart (de) | ponytail | [ˈpəʊnɪteɪl] |
| pony (de) | fringe | [frɪndʒ] |

25. Menselijk lichaam

| hand (de) | hand | [hænd] |
| arm (de) | arm | [ɑːm] |

vinger (de)	finger	[ˈfɪŋɡə(r)]
duim (de)	thumb	[θʌm]
pink (de)	little finger	[ˌlɪtəl ˈfɪŋɡə(r)]
nagel (de)	nail	[neɪl]

vuist (de)	fist	[fɪst]
handpalm (de)	palm	[pɑːm]
pols (de)	wrist	[rɪst]
voorarm (de)	forearm	[ˈfɔːrˌɑːm]
elleboog (de)	elbow	[ˈelbəʊ]
schouder (de)	shoulder	[ˈʃəʊldə(r)]

been (rechter ~)	leg	[leɡ]
voet (de)	foot	[fʊt]
knie (de)	knee	[niː]
kuit (de)	calf	[kɑːf]
heup (de)	hip	[hɪp]
hiel (de)	heel	[hiːl]

lichaam (het)	body	[ˈbɒdɪ]
buik (de)	stomach	[ˈstʌmək]
borst (de)	chest	[tʃest]
borst (de)	breast	[brest]
zijde (de)	flank	[flæŋk]
rug (de)	back	[bæk]
lage rug (de)	lower back	[ˈləʊə bæk]
taille (de)	waist	[weɪst]

navel (de)	navel	[ˈneɪvəl]
billen (mv.)	buttocks	[ˈbʌtəks]
achterwerk (het)	bottom	[ˈbɒtəm]

huidvlek (de)	beauty mark	[ˈbjuːtɪ mɑːk]
tatoeage (de)	tattoo	[təˈtuː]
litteken (het)	scar	[skɑː(r)]

Kleding en accessoires

26. Bovenkleding. Jassen

kleren (mv.), kleding (de)	clothes	[kləʊðz]
bovenkleding (de)	outer clothes	['aʊtə kləʊðz]
winterkleding (de)	winter clothes	['wɪntə kləʊðz]
jas (de)	overcoat	['əʊvəkəʊt]
bontjas (de)	fur coat	['fɜːˌkəʊt]
bontjasje (het)	fur jacket	['fɜː 'dʒækɪt]
donzen jas (de)	down coat	['daʊn ˌkəʊt]
jasje (bijv. een leren ~)	jacket	['dʒækɪt]
regenjas (de)	raincoat	['reɪnkəʊt]
waterdicht (bn)	waterproof	['wɔːtəpruːf]

27. Heren & dames kleding

overhemd (het)	shirt	[ʃɜːt]
broek (de)	trousers	['traʊzəz]
jeans (de)	jeans	[dʒiːnz]
colbert (de)	jacket	['dʒækɪt]
kostuum (het)	suit	[suːt]
jurk (de)	dress	[dres]
rok (de)	skirt	[skɜːt]
blouse (de)	blouse	[blaʊz]
wollen vest (de)	knitted jacket	['nɪtɪd 'dʒækɪt]
blazer (kort jasje)	jacket	['dʒækɪt]
T-shirt (het)	T-shirt	['tiːʃɜːt]
shorts (mv.)	shorts	[ʃɔːts]
trainingspak (het)	tracksuit	['træksuːt]
badjas (de)	bathrobe	['bɑːθrəʊb]
pyjama (de)	pyjamas	[pə'dʒɑːməz]
sweater (de)	sweater	['swetə(r)]
pullover (de)	pullover	['pʊlˌəʊvə(r)]
gilet (het)	waistcoat	['weɪskəʊt]
rokkostuum (het)	tailcoat	[ˌteɪl'kəʊt]
smoking (de)	dinner suit	['dɪnə suːt]
uniform (het)	uniform	['juːnɪfɔːm]
werkkleding (de)	workwear	[wɜːkweə(r)]
overall (de)	boiler suit	['bɔɪlə suːt]
doktersjas (de)	coat	[kəʊt]

28. Kleding. Ondergoed

ondergoed (het)	underwear	[ˈʌndəweə(r)]
onderhemd (het)	vest	[vest]
sokken (mv.)	socks	[sɒks]
nachthemd (het)	nightgown	[ˈnaɪtgaʊn]
beha (de)	bra	[brɑ:]
kniekousen (mv.)	knee highs	[ˈni: ˌhaɪs]
panty (de)	tights	[taɪts]
nylonkousen (mv.)	stockings	[ˈstɒkɪŋz]
badpak (het)	swimsuit, bikini	[ˈswɪmsu:t], [bɪˈki:nɪ]

29. Hoofddeksels

hoed (de)	hat	[hæt]
deukhoed (de)	trilby hat	[ˈtrɪlbɪ hæt]
honkbalpet (de)	baseball cap	[ˈbeɪsbɔ:l kæp]
kleppet (de)	flatcap	[flæt kæp]
baret (de)	beret	[ˈbereɪ]
kap (de)	hood	[hʊd]
panamahoed (de)	panama	[ˈpænəmɑ:]
gebreide muts (de)	knitted hat	[ˈnɪtɪdˌhæt]
hoofddoek (de)	headscarf	[ˈhedskɑ:f]
dameshoed (de)	women's hat	[ˈwɪmɪns hæt]
veiligheidshelm (de)	hard hat	[hɑ:d hæt]
veldmuts (de)	forage cap	[ˈfɒrɪdʒ kæp]
helm, valhelm (de)	helmet	[ˈhelmɪt]
bolhoed (de)	bowler	[ˈbəʊlə(r)]
hoge hoed (de)	top hat	[tɒp hæt]

30. Schoeisel

schoeisel (het)	footwear	[ˈfʊtweə(r)]
schoenen (mv.)	ankle boots	[ˈæŋkəl bu:ts]
vrouwenschoenen (mv.)	shoes	[ʃu:z]
laarzen (mv.)	boots	[bu:ts]
pantoffels (mv.)	slippers	[ˈslɪpəz]
sportschoenen (mv.)	trainers	[ˈtreɪnəz]
sneakers (mv.)	plimsolls, pumps	[ˈplɪmsəlz], [pʌmps]
sandalen (mv.)	sandals	[ˈsændəlz]
schoenlapper (de)	cobbler	[ˈkɒblə(r)]
hiel (de)	heel	[hi:l]
paar (een ~ schoenen)	pair	[peə(r)]
veter (de)	shoelace	[ˈʃu:leɪs]

rijgen (schoenen ~)	to lace up (vt)	[tə leɪs ʌp]
schoenlepel (de)	shoehorn	[ˈʃuːhɔːn]
schoensmeer (de/het)	shoe polish	[ʃuː ˈpɒlɪʃ]

31. Persoonlijke accessoires

handschoenen (mv.)	gloves	[glʌvz]
wanten (mv.)	mittens	[ˈmɪtənz]
sjaal (fleece ~)	scarf	[skɑːf]
bril (de)	glasses	[ˈglɑːsɪz]
brilmontuur (het)	frame	[freɪm]
paraplu (de)	umbrella	[ʌmˈbrelə]
wandelstok (de)	walking stick	[ˈwɔːkɪŋ stɪk]
haarborstel (de)	hairbrush	[ˈheəbrʌʃ]
waaier (de)	fan	[fæn]
das (de)	tie	[taɪ]
strikje (het)	bow tie	[bəʊ taɪ]
bretels (mv.)	braces	[ˈbreɪsɪz]
zakdoek (de)	handkerchief	[ˈhæŋkətʃɪf]
kam (de)	comb	[kəʊm]
haarspeldje (het)	hair slide	[ˈheəˌslaɪd]
schuifspeldje (het)	hairpin	[ˈheəpɪn]
gesp (de)	buckle	[ˈbʌkəl]
broekriem (de)	belt	[belt]
draagriem (de)	shoulder strap	[ˈʃəʊldə stræp]
handtas (de)	bag	[bæg]
damestas (de)	handbag	[ˈhændbæg]
rugzak (de)	rucksack	[ˈrʌksæk]

32. Kleding. Diversen

mode (de)	fashion	[ˈfæʃən]
de mode (bn)	in vogue	[ɪn vəʊg]
kledingstilist (de)	fashion designer	[ˈfæʃən dɪˈzaɪnə(r)]
kraag (de)	collar	[ˈkɒlə(r)]
zak (de)	pocket	[ˈpɒkɪt]
zak- (abn)	pocket	[ˈpɒkɪt]
mouw (de)	sleeve	[sliːv]
lusje (het)	hanging loop	[ˈhæŋɪŋ luːp]
gulp (de)	flies	[flaɪz]
rits (de)	zip	[zɪp]
sluiting (de)	fastener	[ˈfɑːsənə(r)]
knoop (de)	button	[ˈbʌtən]
knoopsgat (het)	buttonhole	[ˈbʌtənhəʊl]
losraken (bijv. knopen)	to come off	[tə kʌm ɒf]

naaien (kleren, enz.)	to sew (vi, vt)	[tə səʊ]
borduren (ww)	to embroider (vi, vt)	[tə ɪmˈbrɔɪdə(r)]
borduursel (het)	embroidery	[ɪmˈbrɔɪdərɪ]
naald (de)	sewing needle	[ˈniːdəl]
draad (de)	thread	[θred]
naad (de)	seam	[siːm]
vies worden (ww)	to get dirty (vi)	[tə get ˈdɜːtɪ]
vlek (de)	stain	[steɪn]
gekreukt raken (ov. kleren)	to crease, crumple (vi)	[tə kriːs], [ˈkrʌmpəl]
scheuren (ov.ww.)	to tear, to rip (vt)	[tə teər], [tə rɪp]
mot (de)	clothes moth	[kləʊðz mɒθ]

33. Persoonlijke verzorging. Schoonheidsmiddelen

tandpasta (de)	toothpaste	[ˈtuːθpeɪst]
tandenborstel (de)	toothbrush	[ˈtuːθbrʌʃ]
tanden poetsen (ww)	to clean one's teeth	[tə kliːn wʌns ˈtiːθ]
scheermes (het)	razor	[ˈreɪzə(r)]
scheerschuim (het)	shaving cream	[ˈʃeɪvɪŋ ˌkriːm]
zich scheren (ww)	to shave (vi)	[tə ʃeɪv]
zeep (de)	soap	[səʊp]
shampoo (de)	shampoo	[ʃæmˈpuː]
schaar (de)	scissors	[ˈsɪzəz]
nagelvijl (de)	nail file	[ˈneɪl ˌfaɪl]
nagelknipper (de)	nail clippers	[neɪl ˈklɪpərz]
pincet (het)	tweezers	[ˈtwiːzəz]
cosmetica (de)	cosmetics	[kɒzˈmetɪks]
masker (het)	face mask	[feɪs mɑːsk]
manicure (de)	manicure	[ˈmænɪˌkjʊə(r)]
manicure doen	to have a manicure	[tə hæve ˈmænɪˌkjʊə]
pedicure (de)	pedicure	[ˈpedɪˌkjʊə(r)]
cosmetica tasje (het)	make-up bag	[ˈmeɪk ʌp ˌbæg]
poeder (de/het)	face powder	[feɪs ˈpaʊdə(r)]
poederdoos (de)	powder compact	[ˈpaʊdə ˈkɒmpækt]
rouge (de)	blusher	[ˈblʌʃə(r)]
parfum (de/het)	perfume	[ˈpɜːfjuːm]
eau de toilet (de)	toilet water	[ˈtɔɪlɪt ˈwɔːtə(r)]
lotion (de)	lotion	[ˈləʊʃən]
eau de cologne (de)	cologne	[kəˈləʊn]
oogschaduw (de)	eyeshadow	[ˈaɪʃædəʊ]
oogpotlood (het)	eyeliner	[ˈaɪˌlaɪnə(r)]
mascara (de)	mascara	[mæsˈkɑːrə]
lippenstift (de)	lipstick	[ˈlɪpstɪk]
nagellak (de)	nail polish	[ˈneɪl ˌpɒlɪʃ]
haarlak (de)	hair spray	[ˈheəspreɪ]

deodorant (de)	deodorant	[diːˈəʊdərənt]
crème (de)	cream	[kriːm]
gezichtscrème (de)	face cream	[ˈfeɪs ˌkriːm]
handcrème (de)	hand cream	[ˈhænd ˌkriːm]
antirimpelcrème (de)	anti-wrinkle cream	[ˈæntɪ ˈrɪŋkəl kriːm]
dagcrème (de)	day cream	[ˈdeɪ ˌkriːm]
nachtcrème (de)	night cream	[ˈnaɪt ˌkriːm]
tampon (de)	tampon	[ˈtæmpɒn]
toiletpapier (het)	toilet paper	[ˈtɔɪlɪt ˈpeɪpə(r)]
föhn (de)	hair dryer	[ˈheəˌdraɪə(r)]

34. Horloges. Klokken

polshorloge (het)	watch	[wɒtʃ]
wijzerplaat (de)	dial	[ˈdaɪəl]
wijzer (de)	hand	[hænd]
metalen horlogeband (de)	bracelet	[ˈbreɪslɪt]
horlogebandje (het)	watch strap	[wɒtʃ stræp]
batterij (de)	battery	[ˈbætərɪ]
leeg zijn (ww)	to be flat	[tə bi flæt]
batterij vervangen	to change a battery	[tə tʃeɪndʒ ə ˈbætərɪ]
voorlopen (ww)	to run fast	[tə rʌn fɑːst]
achterlopen (ww)	to run slow	[tə rʌn sləʊ]
wandklok (de)	wall clock	[ˈwɔːl ˌklɒk]
zandloper (de)	hourglass	[ˈaʊəglɑːs]
zonnewijzer (de)	sundial	[ˈsʌndaɪəl]
wekker (de)	alarm clock	[əˈlɑːm klɒk]
horlogemaker (de)	watchmaker	[ˈwɒtʃˌmeɪkə(r)]
repareren (ww)	to repair (vt)	[tə rɪˈpeə(r)]

Voedsel. Voeding

35. Voedsel

vlees (het)	meat	[miːt]
kip (de)	chicken	[ˈtʃɪkɪn]
kuiken (het)	poussin	[ˈpuːsæn]
eend (de)	duck	[dʌk]
gans (de)	goose	[guːs]
wild (het)	game	[geɪm]
kalkoen (de)	turkey	[ˈtɜːkɪ]
varkensvlees (het)	pork	[pɔːk]
kalfsvlees (het)	veal	[viːl]
schapenvlees (het)	lamb	[læm]
rundvlees (het)	beef	[biːf]
konijnenvlees (het)	rabbit	[ˈræbɪt]
worst (de)	sausage	[ˈsɒsɪdʒ]
saucijs (de)	vienna sausage	[vɪˈenə ˈsɒsɪdʒ]
spek (het)	bacon	[ˈbeɪkən]
ham (de)	ham	[hæm]
gerookte achterham (de)	gammon	[ˈgæmən]
paté, pastei (de)	pâté	[ˈpæteɪ]
lever (de)	liver	[ˈlɪvə(r)]
varkensvet (het)	lard	[lɑːd]
gehakt (het)	mince	[mɪns]
tong (de)	tongue	[tʌŋ]
ei (het)	egg	[eg]
eieren (mv.)	eggs	[egz]
eiwit (het)	egg white	[ˈeg ˌwaɪt]
eigeel (het)	egg yolk	[ˈeg ˌjəʊk]
vis (de)	fish	[fɪʃ]
zeevruchten (mv.)	seafood	[ˈsiːfuːd]
schaaldieren (mv.)	crustaceans	[krʌˈsteɪʃənz]
kaviaar (de)	caviar	[ˈkævɪɑː(r)]
krab (de)	crab	[kræb]
garnaal (de)	prawn	[prɔːn]
oester (de)	oyster	[ˈɔɪstə(r)]
langoest (de)	spiny lobster	[ˈspaɪnɪ ˈlɒbstə(r)]
octopus (de)	octopus	[ˈɒktəpəs]
inktvis (de)	squid	[skwɪd]
steur (de)	sturgeon	[ˈstɜːdʒən]
zalm (de)	salmon	[ˈsæmən]
heilbot (de)	halibut	[ˈhælɪbət]

kabeljauw (de)	cod	[kɒd]
makreel (de)	mackerel	['mækərəl]
tonijn (de)	tuna	['tju:nə]
paling (de)	eel	[i:l]
forel (de)	trout	[traʊt]
sardine (de)	sardine	[sɑ:'di:n]
snoek (de)	pike	[paɪk]
haring (de)	herring	['herɪŋ]
brood (het)	bread	[bred]
kaas (de)	cheese	[tʃi:z]
suiker (de)	sugar	['ʃʊgə(r)]
zout (het)	salt	[sɔ:lt]
rijst (de)	rice	[raɪs]
pasta (de)	pasta	['pæstə]
noedels (mv.)	noodles	['nu:dəlz]
boter (de)	butter	['bʌtə(r)]
plantaardige olie (de)	vegetable oil	['vedʒtəbəl ɔɪl]
zonnebloemolie (de)	sunflower oil	['sʌn,flaʊə ɔɪl]
margarine (de)	margarine	[,mɑ:dʒə'ri:n]
olijven (mv.)	olives	['ɒlɪvz]
olijfolie (de)	olive oil	['ɒlɪv ,ɔɪl]
melk (de)	milk	[mɪlk]
gecondenseerde melk (de)	condensed milk	[kən'denst mɪlk]
yoghurt (de)	yogurt	['jəʊgərt]
zure room (de)	sour cream	['saʊə ,kri:m]
room (de)	cream	[kri:m]
mayonaise (de)	mayonnaise	[,meɪə'neɪz]
crème (de)	buttercream	['bʌtə,kri:m]
graan (het)	cereal grain	['sɪərɪəl greɪn]
meel (het), bloem (de)	flour	['flaʊə(r)]
conserven (mv.)	tinned food	['tɪnd fu:d]
maïsvlokken (mv.)	cornflakes	['kɔ:nfleɪks]
honing (de)	honey	['hʌnɪ]
jam (de)	jam	[dʒæm]
kauwgom (de)	chewing gum	['tʃu:ɪŋ ,gʌm]

36. Drankjes

water (het)	water	['wɔ:tə(r)]
drinkwater (het)	drinking water	['drɪŋkɪŋ ,wɔ:tə(r)]
mineraalwater (het)	mineral water	['mɪnərəl 'wɔ:tə(r)]
zonder gas	still	[stɪl]
koolzuurhoudend (bn)	carbonated	['kɑ:bəneɪtɪd]
bruisend (bn)	sparkling	['spɑ:klɪŋ]

IJs (het)	ice	[aɪs]
met ijs	with ice	[wɪð aɪs]
alcohol vrij (bn)	non-alcoholic	[nɒn ˌælkə'hɒlɪk]
alcohol vrije drank (de)	soft drink	[sɒft drɪŋk]
frisdrank (de)	cool soft drink	[kuːl sɒft drɪŋk]
limonade (de)	lemonade	[ˌlemə'neɪd]
alcoholische dranken (mv.)	spirits	['spɪrɪts]
wijn (de)	wine	[waɪn]
witte wijn (de)	white wine	['waɪt ˌwaɪn]
rode wijn (de)	red wine	['red ˌwaɪn]
likeur (de)	liqueur	[lɪ'kjʊə(r)]
champagne (de)	champagne	[ʃæm'peɪn]
vermout (de)	vermouth	[vɜː'muːθ]
whisky (de)	whisky	['wɪskɪ]
wodka (de)	vodka	['vɒdkə]
gin (de)	gin	[dʒɪn]
cognac (de)	cognac	['kɒnjæk]
rum (de)	rum	[rʌm]
koffie (de)	coffee	['kɒfɪ]
zwarte koffie (de)	black coffee	[blæk 'kɒfɪ]
koffie (de) met melk	white coffee	[waɪt 'kɒfɪ]
cappuccino (de)	cappuccino	[ˌkæpʊ'tʃiːnəʊ]
oploskoffie (de)	instant coffee	['ɪnstənt 'kɒfɪ]
melk (de)	milk	[mɪlk]
cocktail (de)	cocktail	['kɒkteɪl]
milkshake (de)	milk shake	['mɪlk ʃeɪk]
sap (het)	juice	[dʒuːs]
tomatensap (het)	tomato juice	[tə'mɑːtəʊ dʒuːs]
sinaasappelsap (het)	orange juice	['ɒrɪndʒ ˌdʒuːs]
vers geperst sap (het)	freshly squeezed juice	['freʃlɪ skwiːzd dʒuːs]
bier (het)	beer	[bɪə(r)]
licht bier (het)	lager	['lɑːgə(r)]
donker bier (het)	bitter	['bɪtə(r)]
thee (de)	tea	[tiː]
zwarte thee (de)	black tea	[blæk tiː]
groene thee (de)	green tea	['griːn ˌtiː]

37. Groenten

groenten (mv.)	vegetables	['vedʒtəbəlz]
verse kruiden (mv.)	greens	[griːnz]
tomaat (de)	tomato	[tə'mɑːtəʊ]
augurk (de)	cucumber	['kjuːkʌmbə(r)]
wortel (de)	carrot	['kærət]

aardappel (de)	potato	[pəˈteɪtəʊ]
ui (de)	onion	[ˈʌnjən]
knoflook (de)	garlic	[ˈgɑːlɪk]

kool (de)	cabbage	[ˈkæbɪdʒ]
bloemkool (de)	cauliflower	[ˈkɒlɪˌflaʊə(r)]
spruitkool (de)	Brussels sprouts	[ˈbrʌsəlz ˌspraʊts]
broccoli (de)	broccoli	[ˈbrɒkəlɪ]

rode biet (de)	beetroot	[ˈbiːtruːt]
aubergine (de)	aubergine	[ˈəʊbəʒiːn]
courgette (de)	courgette	[kɔːˈʒet]
pompoen (de)	pumpkin	[ˈpʌmpkɪn]
raap (de)	turnip	[ˈtɜːnɪp]

peterselie (de)	parsley	[ˈpɑːslɪ]
dille (de)	dill	[dɪl]
sla (de)	lettuce	[ˈletɪs]
selderij (de)	celery	[ˈselərɪ]
asperge (de)	asparagus	[əˈspærəgəs]
spinazie (de)	spinach	[ˈspɪnɪdʒ]

erwt (de)	pea	[piː]
bonen (mv.)	beans	[biːnz]
maïs (de)	maize	[meɪz]
boon (de)	kidney bean	[ˈkɪdnɪ biːn]

peper (de)	pepper	[ˈpepə(r)]
radijs (de)	radish	[ˈrædɪʃ]
artisjok (de)	artichoke	[ˈɑːtɪtʃəʊk]

38. Vruchten. Noten

vrucht (de)	fruit	[fruːt]
appel (de)	apple	[ˈæpəl]
peer (de)	pear	[peə(r)]
citroen (de)	lemon	[ˈlemən]
sinaasappel (de)	orange	[ˈɒrɪndʒ]
aardbei (de)	strawberry	[ˈstrɔːbərɪ]

mandarijn (de)	tangerine	[ˌtændʒəˈriːn]
pruim (de)	plum	[plʌm]
perzik (de)	peach	[piːtʃ]
abrikoos (de)	apricot	[ˈeɪprɪkɒt]
framboos (de)	raspberry	[ˈrɑːzbərɪ]
ananas (de)	pineapple	[ˈpaɪnˌæpəl]

banaan (de)	banana	[bəˈnɑːnə]
watermeloen (de)	watermelon	[ˈwɔːtəˌmelən]
druif (de)	grape	[greɪp]
meloen (de)	melon	[ˈmelən]

grapefruit (de)	grapefruit	[ˈgreɪpfruːt]
avocado (de)	avocado	[ˌævəˈkɑːdəʊ]

papaja (de)	papaya	[pə'paɪə]
mango (de)	mango	['mæŋgəʊ]
granaatappel (de)	pomegranate	['pɒmɪˌgrænɪt]
rode bes (de)	redcurrant	['redkʌrənt]
zwarte bes (de)	blackcurrant	[ˌblæk'kʌrənt]
kruisbes (de)	gooseberry	['gʊzbərɪ]
bosbes (de)	bilberry	['bɪlbərɪ]
braambes (de)	blackberry	['blækbərɪ]
rozijn (de)	raisin	['reɪzən]
vijg (de)	fig	[fɪg]
dadel (de)	date	[deɪt]
pinda (de)	peanut	['piːnʌt]
amandel (de)	almond	['ɑːmənd]
walnoot (de)	walnut	['wɔːlnʌt]
hazelnoot (de)	hazelnut	['heɪzəlnʌt]
kokosnoot (de)	coconut	['kəʊkənʌt]
pistaches (mv.)	pistachios	[pɪ'stɑːʃɪəʊs]

39. Brood. Snoep

suikerbakkerij (de)	confectionery	[kən'fekʃənərɪ]
brood (het)	bread	[bred]
koekje (het)	biscuits	['bɪskɪts]
chocolade (de)	chocolate	['tʃɒkələt]
chocolade- (abn)	chocolate	['tʃɒkələt]
snoepje (het)	sweet	[swiːt]
cakeje (het)	cake	[keɪk]
taart (bijv. verjaardags~)	cake	[keɪk]
pastei (de)	pie	[paɪ]
vulling (de)	filling	['fɪlɪŋ]
confituur (de)	jam	[dʒæm]
marmelade (de)	marmalade	['mɑːməleɪd]
wafel (de)	waffle	['wɒfəl]
IJsje (het)	ice-cream	[aɪs kriːm]
pudding (de)	pudding	['pʊdɪŋ]

40. Bereide gerechten

gerecht (het)	course, dish	[kɔːs], [dɪʃ]
keuken (bijv. Franse ~)	cuisine	[kwɪ'ziːn]
recept (het)	recipe	['resɪpɪ]
portie (de)	portion	['pɔːʃən]
salade (de)	salad	['sæləd]
soep (de)	soup	[suːp]
bouillon (de)	clear soup	[ˌklɪə 'suːp]

| boterham (de) | sandwich | ['sænwɪdʒ] |
| spiegelei (het) | fried eggs | ['fraɪd ˌegz] |

hamburger (de)	cutlet	['kʌtlɪt]
hamburger (de)	hamburger	['hæmbɜːgə(r)]
biefstuk (de)	steak	[steɪk]
hutspot (de)	stew	[stjuː]

garnering (de)	side dish	[saɪd dɪʃ]
spaghetti (de)	spaghetti	[spə'getɪ]
aardappelpuree (de)	mash	[mæʃ]
pizza (de)	pizza	['piːtsə]
pap (de)	porridge	['pɒrɪdʒ]
omelet (de)	omelette	['ɒmlɪt]

gekookt (in water)	boiled	['bɔɪld]
gerookt (bn)	smoked	[sməʊkt]
gebakken (bn)	fried	[fraɪd]
gedroogd (bn)	dried	[draɪd]
diepvries (bn)	frozen	['frəʊzən]
gemarineerd (bn)	pickled	['pɪkəld]

zoet (bn)	sweet	[swiːt]
gezouten (bn)	salty	['sɔːltɪ]
koud (bn)	cold	[kəʊld]
heet (bn)	hot	[hɒt]
bitter (bn)	bitter	['bɪtə(r)]
lekker (bn)	tasty	['teɪstɪ]

koken (in kokend water)	to cook in boiling water	[tə kʊk in 'bɔɪlɪŋ 'wɔːtə]
bereiden (avondmaaltijd ~)	to cook (vt)	[tə kʊk]
bakken (ww)	to fry (vt)	[tə fraɪ]
opwarmen (ww)	to heat up	[tə hiːt ʌp]

zouten (ww)	to salt (vt)	[tə sɔːlt]
peperen (ww)	to pepper (vt)	[tə 'pepə(r)]
raspen (ww)	to grate (vt)	[tə greɪt]
schil (de)	peel	[piːl]
schillen (ww)	to peel (vt)	[tə piːl]

41. Kruiden

zout (het)	salt	[sɔːlt]
gezouten (bn)	salty	['sɔːltɪ]
zouten (ww)	to salt (vt)	[tə sɔːlt]

zwarte peper (de)	black pepper	[blæk 'pepə(r)]
rode peper (de)	red pepper	[red 'pepə(r)]
mosterd (de)	mustard	['mʌstəd]
mierikswortel (de)	horseradish	['hɔːsˌrædɪʃ]

condiment (het)	condiment	['kɒndɪmənt]
specerij, kruiderij (de)	spice	[spaɪs]
saus (de)	sauce	[sɔːs]

azijn (de)	vinegar	[ˈvɪnɪgə(r)]
anijs (de)	anise	[ˈænɪs]
basilicum (de)	basil	[ˈbæzəl]
kruidnagel (de)	cloves	[kləʊvz]
gember (de)	ginger	[ˈdʒɪndʒə(r)]
koriander (de)	coriander	[ˌkɒrɪˈændə(r)]
kaneel (de/het)	cinnamon	[ˈsɪnəmən]
sesamzaad (het)	sesame	[ˈsesəmɪ]
laurierblad (het)	bay leaf	[beɪ liːf]
paprika (de)	paprika	[ˈpæprɪkə]
komijn (de)	caraway	[ˈkærəweɪ]
saffraan (de)	saffron	[ˈsæfrən]

42. Maaltijden

eten (het)	food	[fuːd]
eten (ww)	to eat (vi, vt)	[tə iːt]
ontbijt (het)	breakfast	[ˈbrekfəst]
ontbijten (ww)	to have breakfast	[tə hæv ˈbrekfəst]
lunch (de)	lunch	[lʌntʃ]
lunchen (ww)	to have lunch	[tə hæv lʌntʃ]
avondeten (het)	dinner	[ˈdɪnə(r)]
souperen (ww)	to have dinner	[tə hæv ˈdɪnə(r)]
eetlust (de)	appetite	[ˈæpɪtaɪt]
Eet smakelijk!	Enjoy your meal!	[ɪnˈdʒɔɪ jɔː ˌmiːl]
openen (een fles ~)	to open (vt)	[tə ˈəʊpən]
morsen (koffie, enz.)	to spill (vt)	[tə spɪl]
zijn gemorst	to spill out (vi)	[tə spɪl aʊt]
koken (water kookt bij 100°C)	to boil (vi)	[tə bɔɪl]
koken (Hoe om water te ~)	to boil (vt)	[tə bɔɪl]
gekookt (~ water)	boiled	[ˈbɔɪld]
afkoelen (koeler maken)	to chill, cool down (vt)	[tə tʃɪl], [kuːl daʊn]
afkoelen (koeler worden)	to chill (vi)	[tə tʃɪl]
smaak (de)	taste, flavour	[teɪst], [ˈfleɪvə(r)]
nasmaak (de)	aftertaste	[ˈɑːftəteɪst]
volgen een dieet	to slim down	[tə slɪm daʊn]
dieet (het)	diet	[ˈdaɪət]
vitamine (de)	vitamin	[ˈvɪtəmɪn]
calorie (de)	calorie	[ˈkælərɪ]
vegetariër (de)	vegetarian	[ˌvedʒɪˈteərɪən]
vegetarisch (bn)	vegetarian	[ˌvedʒɪˈteərɪən]
vetten (mv.)	fats	[fæts]
eiwitten (mv.)	proteins	[ˈprəʊtiːnz]
koolhydraten (mv.)	carbohydrates	[ˌkɑːbəʊˈhaɪdreɪts]
snede (de)	slice	[slaɪs]
stuk (bijv. een ~ taart)	piece	[piːs]
kruimel (de)	crumb	[krʌm]

43. Tafelschikking

lepel (de)	spoon	[spuːn]
mes (het)	knife	[naɪf]
vork (de)	fork	[fɔːk]
kopje (het)	cup	[kʌp]
bord (het)	plate	[pleɪt]
schoteltje (het)	saucer	[ˈsɔːsə(r)]
servet (het)	serviette	[ˌsɜːvɪˈet]
tandenstoker (de)	toothpick	[ˈtuːθpɪk]

44. Restaurant

restaurant (het)	restaurant	[ˈrestrɒnt]
koffiehuis (het)	coffee bar	[ˈkɒfɪ bɑː(r)]
bar (de)	pub	[pʌb]
tearoom (de)	tearoom	[ˈtiːruːm]
kelner, ober (de)	waiter	[ˈweɪtə(r)]
serveerster (de)	waitress	[ˈweɪtrɪs]
barman (de)	barman	[ˈbɑːmən]
menu (het)	menu	[ˈmenjuː]
wijnkaart (de)	wine list	[ˈwaɪn lɪst]
een tafel reserveren	to book a table	[tə bʊk ə ˈteɪbəl]
gerecht (het)	course, dish	[kɔːs], [dɪʃ]
bestellen (eten ~)	to order (vi, vt)	[tə ˈɔːdə(r)]
een bestelling maken	to make an order	[tə meɪk ən ˈɔːdə(r)]
aperitief (de/het)	aperitif	[əpereˈtiːf]
voorgerecht (het)	starter	[ˈstɑːtə(r)]
dessert (het)	dessert	[dɪˈzɜːt]
rekening (de)	bill	[bɪl]
de rekening betalen	to pay the bill	[tə peɪ ðə bɪl]
wisselgeld teruggeven	to give change	[tə gɪv ˈtʃeɪndʒ]
fooi (de)	tip	[tɪp]

Familie, verwanten en vrienden

45. Persoonlijke informatie. Formulieren

naam (de)	name, first name	[neɪm], [ˈfɜːstˌneɪm]
achternaam (de)	family name	[ˈfæmlɪ ˌneɪm]
geboortedatum (de)	date of birth	[deɪt əv bɜːθ]
geboorteplaats (de)	place of birth	[ˌpleɪs əv ˈbɜːθ]
nationaliteit (de)	nationality	[ˌnæʃəˈnælətɪ]
woonplaats (de)	place of residence	[ˌpleɪs əv ˈrezɪdəns]
land (het)	country	[ˈkʌntrɪ]
beroep (het)	profession	[prəˈfeʃən]
geslacht (ov. het vrouwelijk ~)	gender, sex	[ˈdʒendə(r)], [seks]
lengte (de)	height	[haɪt]
gewicht (het)	weight	[weɪt]

46. Familieleden. Verwanten

moeder (de)	mother	[ˈmʌðə(r)]
vader (de)	father	[ˈfɑːðə(r)]
zoon (de)	son	[sʌn]
dochter (de)	daughter	[ˈdɔːtə(r)]
jongste dochter (de)	younger daughter	[ˌjʌŋgə ˈdɔːtə(r)]
jongste zoon (de)	younger son	[ˌjʌŋgə ˈsʌn]
oudste dochter (de)	eldest daughter	[ˈeldɪst ˈdɔːtə(r)]
oudste zoon (de)	eldest son	[ˈeldɪst sʌn]
broer (de)	brother	[ˈbrʌðə(r)]
zuster (de)	sister	[ˈsɪstə(r)]
neef (zoon van oom/tante)	cousin	[ˈkʌzən]
nicht (dochter van oom/tante)	cousin	[ˈkʌzən]
mama (de)	mummy	[ˈmʌmɪ]
papa (de)	dad, daddy	[dæd], [ˈdædɪ]
ouders (mv.)	parents	[ˈpeərənts]
kind (het)	child	[tʃaɪld]
kinderen (mv.)	children	[ˈtʃɪldrən]
oma (de)	grandmother	[ˈgrænˌmʌðə(r)]
opa (de)	grandfather	[ˈgrændˌfɑːðə(r)]
kleinzoon (de)	grandson	[ˈgrænsʌn]
kleindochter (de)	granddaughter	[ˈgrænˌdɔːtə(r)]
kleinkinderen (mv.)	grandchildren	[ˈgrænˌtʃɪldrən]
oom (de)	uncle	[ˈʌŋkəl]

tante (de)	aunt	[ɑːnt]
neef (zoon van broer/zus)	nephew	[ˈnefjuː]
nicht (dochter van broer/zus)	niece	[niːs]
schoonmoeder (de)	mother-in-law	[ˈmʌðər ɪn ˈlɔː]
schoonvader (de)	father-in-law	[ˈfɑːðə ɪn ˌlɔː]
schoonzoon (de)	son-in-law	[ˈsʌn ɪn ˌlɔː]
stiefmoeder (de)	stepmother	[ˈstepˌmʌðə(r)]
stiefvader (de)	stepfather	[ˈstepˌfɑːðə(r)]
zuigeling (de)	infant	[ˈɪnfənt]
wiegenkind (het)	baby	[ˈbeɪbɪ]
kleuter (de)	little boy	[ˈlɪtəl ˌbɔɪ]
vrouw (de)	wife	[waɪf]
man (de)	husband	[ˈhʌzbənd]
gehuwd (mann.)	married	[ˈmærɪd]
gehuwd (vrouw.)	married	[ˈmærɪd]
ongehuwd (mann.)	single	[ˈsɪŋɡəl]
vrijgezel (de)	bachelor	[ˈbætʃələ(r)]
gescheiden (bn)	divorced	[dɪˈvɔːst]
weduwe (de)	widow	[ˈwɪdəʊ]
weduwnaar (de)	widower	[ˈwɪdəʊə(r)]
familielid (het)	relative	[ˈrelətɪv]
dichte familielid (het)	close relative	[ˌkləʊs ˈrelətɪv]
verre familielid (het)	distant relative	[ˈdɪstənt ˈrelətɪv]
familieleden (mv.)	relatives	[ˈrelətɪvz]
wees (de), weeskind (het)	orphan	[ˈɔːfən]
voogd (de)	guardian	[ˈɡɑːdjən]
adopteren (een jongen te ~)	to adopt (vt)	[tə əˈdɒpt]
adopteren (een meisje te ~)	to adopt (vt)	[tə əˈdɒpt]

Geneeskunde

47. Ziekten

ziekte (de)	illness	[ˈɪlnɪs]
ziek zijn (ww)	to be ill	[tə bi ɪl]
gezondheid (de)	health	[helθ]

snotneus (de)	runny nose	[ˌrʌnɪ ˈnəʊz]
angina (de)	angina	[ænˈdʒaɪnə]
verkoudheid (de)	cold	[kəʊld]
verkouden raken (ww)	to catch a cold	[tə kætʃ ə ˈkəʊld]

bronchitis (de)	bronchitis	[brɒŋˈkaɪtɪs]
longontsteking (de)	pneumonia	[njuːˈməʊnɪə]
griep (de)	flu	[fluː]

bijziend (bn)	short-sighted	[ʃɔːt ˈsaɪtɪd]
verziend (bn)	long-sighted	[ˌlɒŋ ˈsaɪtɪd]
scheelheid (de)	squint	[skwɪnt]
scheel (bn)	squint-eyed	[skwɪnt aɪd]
grauwe staar (de)	cataract	[ˈkætərækt]
glaucoom (het)	glaucoma	[glɔːˈkəʊmə]

beroerte (de)	stroke	[strəʊk]
hartinfarct (het)	heart attack	[ˈhɑːt əˌtæk]
myocardiaal infarct (het)	myocardial infarction	[ˌmaɪəʊˈkɑːdɪəl ɪnˈfɑːkʃən]
verlamming (de)	paralysis	[pəˈrælɪsɪs]
verlammen (ww)	to paralyse (vt)	[tə ˈpærəlaɪz]

allergie (de)	allergy	[ˈælədʒɪ]
astma (de/het)	asthma	[ˈæsmə]
diabetes (de)	diabetes	[ˌdaɪəˈbiːtiːz]

tandpijn (de)	toothache	[ˈtuːθeɪk]
tandbederf (het)	caries	[ˈkeərɪːz]

diarree (de)	diarrhoea	[ˌdaɪəˈrɪə]
constipatie (de)	constipation	[ˌkɒnstɪˈpeɪʃən]
maagstoornis (de)	stomach upset	[ˈstʌmək ˈʌpset]
voedselvergiftiging (de)	food poisoning	[fuːd ˈpɔɪzənɪŋ]

artritis (de)	arthritis	[ɑːˈθraɪtɪs]
rachitis (de)	rickets	[ˈrɪkɪts]
reuma (het)	rheumatism	[ˈruːmətɪzəm]
arteriosclerose (de)	atherosclerosis	[ˌæθərəʊsklɪˈrəʊsɪs]

gastritis (de)	gastritis	[gæsˈtraɪtɪs]
blindedarmontsteking (de)	appendicitis	[əˌpendɪˈsaɪtɪs]
galblaasontsteking (de)	cholecystitis	[ˌkɒlɪsɪsˈtaɪtɪs]

zweer (de)	ulcer	['ʌlsə(r)]
mazelen (mv.)	measles	['mi:zəlz]
rodehond (de)	German measles	['dʒɜ:mən 'mi:zəlz]
geelzucht (de)	jaundice	['dʒɔ:ndɪs]
leverontsteking (de)	hepatitis	[ˌhepə'taɪtɪs]
schizofrenie (de)	schizophrenia	[ˌskɪtsə'fri:nɪə]
dolheid (de)	rabies	['reɪbi:z]
neurose (de)	neurosis	[ˌnjʊə'rəʊsɪs]
hersenschudding (de)	concussion	[kən'kʌʃən]
kanker (de)	cancer	['kænsə(r)]
sclerose (de)	sclerosis	[sklə'rəʊsɪs]
multiple sclerose (de)	multiple sclerosis	['mʌltɪpəl sklə'rəʊsɪs]
alcoholisme (het)	alcoholism	['ælkəhɒlɪzəm]
alcoholicus (de)	alcoholic	[ˌælkə'hɒlɪk]
syfilis (de)	syphilis	['sɪfɪlɪs]
AIDS (de)	AIDS	[eɪdz]
tumor (de)	tumour	['tju:mə(r)]
koorts (de)	fever	['fi:və(r)]
malaria (de)	malaria	[mə'leərɪə]
gangreen (het)	gangrene	['gæŋgri:n]
zeeziekte (de)	seasickness	['si:sɪknɪs]
epilepsie (de)	epilepsy	['epɪlepsɪ]
epidemie (de)	epidemic	[ˌepɪ'demɪk]
tyfus (de)	typhus	['taɪfəs]
tuberculose (de)	tuberculosis	[tju:ˌbɜ:kjʊ'ləʊsɪs]
cholera (de)	cholera	['kɒlərə]
pest (de)	plague	[pleɪg]

48. Symptomen. Behandelingen. Deel 1

symptoom (het)	symptom	['sɪmptəm]
temperatuur (de)	temperature	['temprətʃə(r)]
verhoogde temperatuur (de)	high temperature	[haɪ 'temprətʃə(r)]
polsslag (de)	pulse	[pʌls]
duizeling (de)	giddiness	['gɪdɪnɪs]
heet (erg warm)	hot	[hɒt]
koude rillingen (mv.)	shivering	['ʃɪvərɪŋ]
bleek (bn)	pale	[peɪl]
hoest (de)	cough	[kɒf]
hoesten (ww)	to cough (vi)	[tə kɒf]
niezen (ww)	to sneeze (vi)	[tə sni:z]
flauwte (de)	faint	[feɪnt]
flauwvallen (ww)	to faint (vi)	[tə feɪnt]
blauwe plek (de)	bruise	[bru:z]
buil (de)	bump	[bʌmp]
zich stoten (ww)	to bang (vi)	[tə bæŋ]

| kneuzing (de) | bruise | [bruːz] |
| kneuzen (gekneusd zijn) | to get a bruise | [tə get ə bruːz] |

hinken (ww)	to limp (vi)	[tə lɪmp]
verstuiking (de)	dislocation	[ˌdɪslə'keɪʃən]
verstuiken (enkel, enz.)	to dislocate (vt)	[tə 'dɪsləkeɪt]
breuk (de)	fracture	['fræktʃə(r)]
een breuk oplopen	to have a fracture	[tə hæv ə 'fræktʃə(r)]

snijwond (de)	cut	[kʌt]
zich snijden (ww)	to cut oneself	[tə kʌt wʌn'self]
bloeding (de)	bleeding	['bliːdɪŋ]

| brandwond (de) | burn | [bɜːn] |
| zich branden (ww) | to get burned | [tə get 'bɜːnd] |

prikken (ww)	to prick (vt)	[tə prɪk]
zich prikken (ww)	to prick oneself	[tə prɪk wʌn'self]
blesseren (ww)	to injure (vt)	[tə 'ɪndʒə(r)]
blessure (letsel)	injury	['ɪndʒərɪ]
wond (de)	wound	[wuːnd]
trauma (het)	trauma	['trɔːmə]

ijlen (ww)	to be delirious	[tə bi dɪ'lɪrɪəs]
stotteren (ww)	to stutter (vi)	[tə 'stʌtə(r)]
zonnesteek (de)	sunstroke	['sʌnstrəʊk]

49. Symptomen. Behandelingen. Deel 2

| pijn (de) | pain | [peɪn] |
| splinter (de) | splinter | ['splɪntə(r)] |

zweet (het)	sweat	[swet]
zweten (ww)	to sweat (vi)	[tə swet]
braking (de)	vomiting	['vɒmɪtɪŋ]
stuiptrekkingen (mv.)	convulsions	[kən'vʌlʃənz]

zwanger (bn)	pregnant	['pregnənt]
geboren worden (ww)	to be born	[tə bi bɔːn]
geboorte (de)	delivery, labour	[dɪ'lɪvərɪ], ['leɪbə(r)]
baren (ww)	to deliver (vt)	[tə dɪ'lɪvə(r)]
abortus (de)	abortion	[ə'bɔːʃən]

ademhaling (de)	breathing, respiration	['briːðɪŋ], [ˌrespə'reɪʃən]
inademing (de)	inhalation	[ˌɪnhə'leɪʃən]
uitademing (de)	exhalation	[ˌeksə'leɪʃən]
uitademen (ww)	to exhale (vi)	[tə eks'heɪl]
inademen (ww)	to inhale (vi)	[tə ɪn'heɪl]

invalide (de)	disabled person	[dɪs'eɪbəld 'pɜːsən]
gehandicapte (de)	cripple	['krɪpəl]
drugsverslaafde (de)	drug addict	['drʌgˌædɪkt]
doof (bn)	deaf	[def]
stom (bn)	dumb	[dʌm]

doofstom (bn)	deaf-and-dumb	[ˌdef ənd ˈdʌm]
krankzinnig (bn)	mad, insane	[mæd], [ɪnˈseɪn]
krankzinnige (man)	madman	[ˈmædmən]
krankzinnige (vrouw)	madwoman	[ˈmædˌwʊmən]
krankzinnig worden	to go insane	[tə gəʊ ɪnˈseɪn]
gen (het)	gene	[dʒiːn]
immuniteit (de)	immunity	[ɪˈmjuːnətɪ]
erfelijk (bn)	hereditary	[hɪˈredɪtərɪ]
aangeboren (bn)	congenital	[kənˈdʒenɪtəl]
virus (het)	virus	[ˈvaɪrəs]
microbe (de)	microbe	[ˈmaɪkrəʊb]
bacterie (de)	bacterium	[bækˈtɪərɪəm]
infectie (de)	infection	[ɪnˈfekʃən]

50. Symptomen. Behandelingen. Deel 3

ziekenhuis (het)	hospital	[ˈhɒspɪtəl]
patiënt (de)	patient	[ˈpeɪʃənt]
diagnose (de)	diagnosis	[ˌdaɪəɡˈnəʊsɪs]
genezing (de)	cure	[kjʊə]
medische behandeling (de)	treatment	[ˈtriːtmənt]
onder behandeling zijn	to get treatment	[tə get ˈtriːtmənt]
behandelen (ww)	to treat (vt)	[tə triːt]
zorgen (zieken ~)	to nurse (vt)	[tə nɜːs]
ziekenzorg (de)	care	[keə(r)]
operatie (de)	operation, surgery	[ˌɒpəˈreɪʃən], [ˈsɜːdʒərɪ]
verbinden (een arm ~)	to bandage (vt)	[tə ˈbændɪdʒ]
verband (het)	bandaging	[ˈbændɪdʒɪŋ]
vaccin (het)	vaccination	[ˌvæksɪˈneɪʃən]
inenten (vaccineren)	to vaccinate (vt)	[tə ˈvæksɪneɪt]
injectie (de)	injection, shot	[ɪnˈdʒekʃən], [ʃɒt]
een injectie geven	to give an injection	[təˌɡɪv ən ɪnˈdʒekʃən]
aanval (de)	attack	[əˈtæk]
amputatie (de)	amputation	[ˌæmpjʊˈteɪʃən]
amputeren (ww)	to amputate (vt)	[tə ˈæmpjʊteɪt]
coma (het)	coma	[ˈkəʊmə]
in coma liggen	to be in a coma	[tə bi ɪn ə ˈkəʊmə]
intensieve zorg, ICU (de)	intensive care	[ɪnˈtensɪv ˌkeə(r)]
zich herstellen (ww)	to recover (vi)	[tə rɪˈkʌvə(r)]
toestand (de)	state	[steɪt]
bewustzijn (het)	consciousness	[ˈkɒnʃəsnɪs]
geheugen (het)	memory	[ˈmemərɪ]
trekken (een kies ~)	to pull out	[tə ˌpʊl ˈaʊt]
vulling (de)	filling	[ˈfɪlɪŋ]
vullen (ww)	to fill (vt)	[tə fɪl]
hypnose (de)	hypnosis	[hɪpˈnəʊsɪs]
hypnotiseren (ww)	to hypnotize (vt)	[tə ˈhɪpnətaɪz]

51. Artsen

dokter, arts (de)	doctor	['dɒktə(r)]
ziekenzuster (de)	nurse	[nɜːs]
lijfarts (de)	private physician	['praɪvɪt fɪ'zɪʃən]
tandarts (de)	dentist	['dentɪst]
oogarts (de)	ophthalmologist	[ˌɒfθæl'mɒlədʒɪst]
therapeut (de)	general practitioner	['dʒenərəl præk'tɪʃənə]
chirurg (de)	surgeon	['sɜːdʒən]
psychiater (de)	psychiatrist	[saɪ'kaɪətrɪst]
pediater (de)	paediatrician	[ˌpiːdɪə'trɪʃən]
psycholoog (de)	psychologist	[saɪ'kɒlədʒɪst]
gynaecoloog (de)	gynaecologist	[ˌgaɪnɪ'kɒlədʒɪst]
cardioloog (de)	cardiologist	[ˌkɑːdɪ'ɒlədʒɪst]

52. Geneeskunde. Medicijnen. Accessoires

geneesmiddel (het)	medicine, drug	['medsɪn], [drʌg]
middel (het)	remedy	['remədɪ]
voorschrijven (ww)	to prescribe (vt)	[tə prɪ'skraɪb]
recept (het)	prescription	[prɪ'skrɪpʃən]
tablet (de/het)	tablet, pill	['tæblɪt], [pɪl]
zalf (de)	ointment	['ɔɪntmənt]
ampul (de)	ampoule	['æmpuːl]
drank (de)	mixture	['mɪkstʃə(r)]
siroop (de)	syrup	['sɪrəp]
pil (de)	pill	[pɪl]
poeder (de/het)	powder	['paʊdə(r)]
verband (het)	bandage	['bændɪdʒ]
watten (mv.)	cotton wool	['kɒtən ˌwʊl]
jodium (het)	iodine	['aɪədiːn]
pleister (de)	plaster	['plɑːstə(r)]
pipet (de)	eyedropper	[aɪ 'drɒpə(r)]
thermometer (de)	thermometer	[θə'mɒmɪtə(r)]
spuit (de)	syringe	[sɪ'rɪndʒ]
rolstoel (de)	wheelchair	['wiːlˌtʃeə(r)]
krukken (mv.)	crutches	[krʌtʃɪz]
pijnstiller (de)	painkiller	['peɪnˌkɪlə(r)]
laxeermiddel (het)	laxative	['læksətɪv]
spiritus (de)	spirit, ethanol	['spɪrɪt], ['eθənɒl]
medicinale kruiden (mv.)	medicinal herbs	[mə'dɪsɪnəl hɜːbz]
kruiden- (abn)	herbal	['hɜːbəl]

HET MENSELIJKE LEEFGEBIED

Stad

53. Stad. Het leven in de stad

stad (de)	city, town	['sɪtɪ], [taʊn]
hoofdstad (de)	capital	['kæpɪtəl]
dorp (het)	village	['vɪlɪdʒ]
plattegrond (de)	city map	['sɪtɪˌmæp]
centrum (ov. een stad)	city centre	['sɪtɪ ˌsentə(r)]
voorstad (de)	suburb	['sʌbɜːb]
voorstads- (abn)	suburban	[sə'bɜːbən]
randgemeente (de)	outskirts	['aʊtskɜːts]
omgeving (de)	environs	[ɪn'vaɪərənz]
blok (huizenblok)	city block	['sɪtɪ blɒk]
woonwijk (de)	residential quarter	[ˌrezɪ'denʃəl 'kwɔːtə(r)]
verkeer (het)	traffic	['træfɪk]
verkeerslicht (het)	traffic lights	['træfɪk laɪts]
openbaar vervoer (het)	public transport	['pʌblɪk 'trænspɔːt]
kruispunt (het)	crossroads	['krɒsrəʊdz]
zebrapad (oversteekplaats)	zebra crossing	['zebrə ˌkrɒsɪŋ]
onderdoorgang (de)	pedestrian subway	[pɪ'destrɪən 'sʌbweɪ]
oversteken (de straat ~)	to cross (vt)	[tə krɒs]
voetganger (de)	pedestrian	[pɪ'destrɪən]
trottoir (het)	pavement	['peɪvmənt]
brug (de)	bridge	[brɪdʒ]
dijk (de)	embankment	[ɪm'bæŋkmənt]
allee (de)	allée	[ale]
park (het)	park	[pɑːk]
boulevard (de)	boulevard	['buːləvɑːd]
plein (het)	square	[skweə(r)]
laan (de)	avenue	['ævənjuː]
straat (de)	street	[striːt]
zijstraat (de)	side street	[saɪd striːt]
doodlopende straat (de)	dead end	[ˌded 'end]
huis (het)	house	[haʊs]
gebouw (het)	building	['bɪldɪŋ]
wolkenkrabber (de)	skyscraper	['skaɪˌskreɪpə(r)]
gevel (de)	facade	[fə'sɑːd]
dak (het)	roof	[ruːf]

venster (het)	window	['wɪndəʊ]
boog (de)	arch	[ɑːtʃ]
pilaar (de)	column	['kɒləm]
hoek (ov. een gebouw)	corner	['kɔːnə(r)]

vitrine (de)	shop window	[ʃɒp 'wɪndəʊ]
gevelreclame (de)	shop sign	[ʃɒp saɪn]
affiche (de/het)	poster	['pəʊstə(r)]
reclameposter (de)	advertising poster	['ædvətaɪzɪŋ 'pəʊstə(r)]
aanplakbord (het)	hoarding	['hɔːdɪŋ]

vuilnis (de/het)	rubbish	['rʌbɪʃ]
vuilnisbak (de)	rubbish bin	['rʌbɪʃ bɪn]
afval weggooien (ww)	to litter (vi)	[tə 'lɪtə(r)]
stortplaats (de)	rubbish dump	['rʌbɪʃ dʌmp]

telefooncel (de)	phone box	['fəʊn ˌbɒks]
straatlicht (het)	street light	['striːt laɪt]
bank (de)	bench	[bentʃ]

politieagent (de)	police officer	[pə'liːs 'ɒfɪsə(r)]
politie (de)	police	[pə'liːs]
zwerver (de)	beggar	['begə(r)]
dakloze (de)	homeless	['həʊmlɪs]

54. Stedelijke instellingen

winkel (de)	shop	[ʃɒp]
apotheek (de)	chemist	['kemɪst]
optiek (de)	optician	[ɒp'tɪʃən]
winkelcentrum (het)	shopping centre	['ʃɒpɪŋ 'sentə(r)]
supermarkt (de)	supermarket	['suːpəˌmɑːkɪt]

bakkerij (de)	bakery	['beɪkərɪ]
bakker (de)	baker	['beɪkə(r)]
banketbakkerij (de)	sweet shop	[swiːt ʃɒp]
kruidenier (de)	grocery shop	['grəʊsərɪ ʃɒp]
slagerij (de)	butcher shop	['bʊtʃəzʃɒp]

groentewinkel (de)	greengrocer	['griːnˌgrəʊsə]
markt (de)	market	['mɑːkɪt]

koffiehuis (het)	coffee bar	['kɒfɪ bɑː(r)]
restaurant (het)	restaurant	['restrɒnt]
bar (de)	pub	[pʌb]
pizzeria (de)	pizzeria	[ˌpiːtsə'rɪə]

kapperssalon (de/het)	hairdresser	['heəˌdresə(r)]
postkantoor (het)	post office	[pəʊst 'ɒfɪs]
stomerij (de)	dry cleaners	[ˌdraɪ 'kliːnəz]
fotostudio (de)	photo studio	['fəʊtəʊ 'stjuːdɪəʊ]

schoenwinkel (de)	shoe shop	['ʃuː ʃɒp]
boekhandel (de)	bookshop	['bʊkʃɒp]

sportwinkel (de)	sports shop	['spɔːts ʃɒp]
kledingreparatie (de)	clothing repair	['kləʊðɪŋ rɪ'peə(r)]
kledingverhuur (de)	formal wear hire	['fɔːməl weə 'haɪə(r)]
videotheek (de)	DVD rental shop	[ˌdiːviː'diː 'rentəl ʃɒp]
circus (de/het)	circus	['sɜːkəs]
dierentuin (de)	zoo	[zuː]
bioscoop (de)	cinema	['sɪnəmə]
museum (het)	museum	[mjuː'ziːəm]
bibliotheek (de)	library	['laɪbrərɪ]
theater (het)	theatre	['θɪətə(r)]
opera (de)	opera	['ɒpərə]
nachtclub (de)	nightclub	[naɪt klʌb]
casino (het)	casino	[kə'siːnəʊ]
moskee (de)	mosque	[mɒsk]
synagoge (de)	synagogue	['sɪnəgɒg]
kathedraal (de)	cathedral	[kə'θiːdrəl]
tempel (de)	temple	['tempəl]
kerk (de)	church	[tʃɜːtʃ]
instituut (het)	college	['kɒlɪdʒ]
universiteit (de)	university	[ˌjuːnɪ'vɜːsətɪ]
school (de)	school	[skuːl]
gemeentehuis (het)	prefecture	['priːfekˌtjʊə(r)]
stadhuis (het)	city hall	['sɪtɪ ˌhɔːl]
hotel (het)	hotel	[həʊ'tel]
bank (de)	bank	[bæŋk]
ambassade (de)	embassy	['embəsɪ]
reisbureau (het)	travel agency	['trævəl 'eɪdʒənsɪ]
informatieloket (het)	information office	[ˌɪnfə'meɪʃən 'ɒfɪs]
wisselkantoor (het)	money exchange	['mʌnɪ ɪks'tʃeɪndʒ]
metro (de)	underground, tube	['ʌndəgraʊnd], [tjuːb]
ziekenhuis (het)	hospital	['hɒspɪtəl]
benzinestation (het)	petrol station	['petrəl 'steɪʃən]
parking (de)	car park	[kɑː pɑːk]

55. Borden

gevelreclame (de)	shop sign	[ʃɒp saɪn]
opschrift (het)	notice	['nəʊtɪs]
poster (de)	poster	['pəʊstə(r)]
wegwijzer (de)	direction sign	[dɪ'rekʃən saɪn]
pijl (de)	arrow	['ærəʊ]
waarschuwingsbord (het)	warning sign	['wɔːnɪŋ saɪn]
waarschuwen (ww)	to warn (vt)	[tə wɔːn]
vrije dag (de)	day off	[ˌdeɪ'ɒf]
dienstregeling (de)	timetable	['taɪmˌteɪbəl]

openingsuren (mv.)	opening hours	[ˈəʊpənɪŋ ˌaʊəz]
WELKOM!	WELCOME!	[ˈwelkəm]
INGANG	ENTRANCE	[ˈentrəns]
UITGANG	WAY OUT	[ˌweɪˈaʊt]
DUWEN	PUSH	[pʊʃ]
TREKKEN	PULL	[pʊl]
OPEN	OPEN	[ˈəʊpən]
GESLOTEN	CLOSED	[kləʊzd]
DAMES	WOMEN	[ˈwɪmɪn]
HEREN	MEN	[ˈmen]
KORTING	DISCOUNTS	[ˈdɪskaʊnts]
UITVERKOOP	SALE	[seɪl]
NIEUW!	NEW!	[njuː]
GRATIS	FREE	[friː]
PAS OP!	ATTENTION!	[əˈtenʃən]
VOLGEBOEKT	NO VACANCIES	[nəʊ ˈveɪkənsɪz]
GERESERVEERD	RESERVED	[rɪˈzɜːvd]
ADMINISTRATIE	ADMINISTRATION	[ədˌmɪnɪˈstreɪʃən]
ALLEEN VOOR PERSONEEL	STAFF ONLY	[stɑːf ˈəʊnlɪ]
GEVAARLIJKE HOND	BEWARE OF THE DOG!	[bɪˈweə əv ðə ˌdɒg]
VERBODEN TE ROKEN!	NO SMOKING	[nəʊ ˈsməʊkɪŋ]
NIET AANRAKEN!	DO NOT TOUCH!	[ˌdəʊnt ˈtʌtʃ]
GEVAARLIJK	DANGEROUS	[ˈdeɪndʒərəs]
GEVAAR	DANGER	[ˈdeɪndʒə(r)]
HOOGSPANNING	HIGH TENSION	[haɪ ˈtenʃən]
VERBODEN TE ZWEMMEN	NO SWIMMING!	[nəʊ ˈswɪmɪŋ]
BUITEN GEBRUIK	OUT OF ORDER	[ˌaʊt əv ˈɔːdə(r)]
ONTVLAMBAAR	FLAMMABLE	[ˈflæməbəl]
VERBODEN	FORBIDDEN	[fəˈbɪdən]
DOORGANG VERBODEN	NO TRESPASSING!	[nəʊ ˈtrespəsɪŋ]
OPGELET PAS GEVERFD	WET PAINT	[wet peɪnt]

56. Stedelijk vervoer

bus, autobus (de)	bus, coach	[bʌs], [kəʊtʃ]
tram (de)	tram	[træm]
trolleybus (de)	trolleybus	[ˈtrɒlɪbʌs]
route (de)	route	[ruːt]
nummer (busnummer, enz.)	number	[ˈnʌmbə(r)]
rijden met …	to go by …	[tə gəʊ baɪ]
stappen (in de bus ~)	to get on	[tə get ɒn]
afstappen (ww)	to get off …	[tə get ɒf]
halte (de)	stop	[stɒp]
volgende halte (de)	next stop	[ˌnekst ˈstɒp]

T&P Books. Thematische woordenschat Nederlands-Brits-Engels - 5000 woorden

eindpunt (het)	terminus	['tɜːmɪnəs]
dienstregeling (de)	timetable	['taɪmˌteɪbəl]
wachten (ww)	to wait (vt)	[tə weɪt]

| kaartje (het) | ticket | ['tɪkɪt] |
| reiskosten (de) | fare | [feə(r)] |

kassier (de)	cashier	[kæ'ʃɪə(r)]
kaartcontrole (de)	ticket inspection	['tɪkɪt ɪn'spekʃən]
controleur (de)	inspector	[ɪn'spektə(r)]

| te laat zijn (ww) | to be late | [tə bi 'leɪt] |
| zich haasten (ww) | to be in a hurry | [tə bi ɪn ə 'hʌri] |

taxi (de)	taxi, cab	['tæksɪ], [kæb]
taxichauffeur (de)	taxi driver	['tæksɪ 'draɪvə(r)]
met de taxi (bw)	by taxi	[baɪ 'tæksɪ]
taxistandplaats (de)	taxi rank	['tæksɪ ræŋk]
een taxi bestellen	to call a taxi	[tə kɔːl ə 'tæksɪ]
een taxi nemen	to take a taxi	[tə ˌteɪk ə 'tæksɪ]

verkeer (het)	traffic	['træfɪk]
file (de)	traffic jam	['træfɪk dʒæm]
spitsuur (het)	rush hour	['rʌʃ ˌaʊə(r)]
parkeren (on.ww.)	to park (vi)	[tə pɑːk]
parkeren (ov.ww.)	to park (vt)	[tə pɑːk]
parking (de)	car park	[kɑː pɑːk]

metro (de)	underground, tube	['ʌndəgraʊnd], [tjuːb]
halte (bijv. kleine treinhalte)	station	['steɪʃən]
de metro nemen	to take the tube	[tə ˌteɪk ðə tjuːb]
trein (de)	train	[treɪn]
station (treinstation)	train station	[treɪn 'steɪʃən]

57. Bezienswaardigheden

monument (het)	monument	['mɒnjʊmənt]
vesting (de)	fortress	['fɔːtrɪs]
paleis (het)	palace	['pælɪs]
kasteel (het)	castle	['kɑːsəl]
toren (de)	tower	['taʊə(r)]
mausoleum (het)	mausoleum	[ˌmɔːzə'lɪəm]

architectuur (de)	architecture	['ɑːkɪtektʃə(r)]
middeleeuws (bn)	medieval	[ˌmedɪ'iːvəl]
oud (bn)	ancient	['eɪnʃənt]
nationaal (bn)	national	['næʃənəl]
bekend (bn)	well-known	[wel'nəʊn]

toerist (de)	tourist	['tʊərɪst]
gids (de)	guide	[gaɪd]
rondleiding (de)	excursion	[ɪk'skɜːʃən]
tonen (ww)	to show (vt)	[tə ʃəʊ]
vertellen (ww)	to tell (vt)	[tə tel]

vinden (ww)	to find (vt)	[tə faɪnd]
verdwalen (de weg kwijt zijn)	to get lost	[tə get lɒst]
plattegrond (~ van de metro)	map	[mæp]
plattegrond (~ van de stad)	map	[mæp]

souvenir (het)	souvenir, gift	[ˌsuːvə'nɪə], [gɪft]
souvenirwinkel (de)	gift shop	['gɪftʃɒp]
een foto maken (ww)	to take pictures	[tə ˌteɪk 'pɪktʃəz]

58. Winkelen

kopen (ww)	to buy (vt)	[tə baɪ]
aankoop (de)	purchase	['pɜːtʃəs]
winkelen (ww)	to go shopping	[tə gəʊ 'ʃɒpɪŋ]
winkelen (het)	shopping	['ʃɒpɪŋ]

| open zijn (ov. een winkel, enz.) | to be open | [tə bi 'əʊpən] |
| gesloten zijn (ww) | to be closed | [tə bi kləʊzd] |

schoeisel (het)	footwear	['fʊtweə(r)]
kleren (mv.)	clothes, clothing	[kləʊðz], ['kləʊðɪŋ]
cosmetica (de)	cosmetics	[kɒz'metɪks]
voedingswaren (mv.)	food products	[fuːd 'prɒdʌkts]
geschenk (het)	gift, present	[gɪft], ['prezənt]

| verkoper (de) | shop assistant | [ʃɒp ə'sɪstənt] |
| verkoopster (de) | shop assistant | [ʃɒp ə'sɪstənt] |

kassa (de)	cash desk	[kæʃ desk]
spiegel (de)	mirror	['mɪrə(r)]
toonbank (de)	counter	['kaʊntə(r)]
paskamer (de)	fitting room	['fɪtɪŋ ˌrum]

aanpassen (ww)	to try on (vt)	[tə ˌtraɪ 'ɒn]
passen (ov. kleren)	to fit (vt)	[tə fɪt]
bevallen (prettig vinden)	to fancy (vt)	[tə 'fænsɪ]

prijs (de)	price	[praɪs]
prijskaartje (het)	price tag	['praɪs tæg]
kosten (ww)	to cost (vt)	[tə kɒst]
Hoeveel?	How much?	[ˌhaʊ 'mʌtʃ]
korting (de)	discount	['dɪskaʊnt]

| niet duur (bn) | inexpensive | [ˌɪnɪk'spensɪv] |
| goedkoop (bn) | cheap | [tʃiːp] |

| duur (bn) | expensive | [ɪk'spensɪv] |
| Dat is duur. | It's expensive | [ɪts ɪk'spensɪv] |

verhuur (de)	hire	['haɪə(r)]
huren (smoking, enz.)	to hire (vt)	[tə 'haɪə(r)]
krediet (het)	credit	['kredɪt]
op krediet (bw)	on credit	[ɒn 'kredɪt]

59. Geld

geld (het)	money	['mʌni]
ruil (de)	currency exchange	['kʌrənsɪ ɪks'tʃeɪndʒ]
koers (de)	exchange rate	[ɪks'tʃeɪndʒ reɪt]
geldautomaat (de)	cashpoint	['kæʃpɔɪnt]
muntstuk (de)	coin	[kɔɪn]
dollar (de)	dollar	['dɒlə(r)]
euro (de)	euro	['jʊərəʊ]
lire (de)	lira	['lɪərə]
Duitse mark (de)	Deutschmark	['dɔɪtʃmɑ:k]
frank (de)	franc	[fræŋk]
pond sterling (het)	pound sterling	[paʊnd 'stɜ:lɪŋ]
yen (de)	yen	[jen]
schuld (geldbedrag)	debt	[det]
schuldenaar (de)	debtor	['detə(r)]
uitlenen (ww)	to lend (vt)	[tə lend]
lenen (geld ~)	to borrow (vt)	[tə 'bɒrəʊ]
bank (de)	bank	[bæŋk]
bankrekening (de)	account	[ə'kaʊnt]
storten (ww)	to deposit (vt)	[tə dɪ'pɒzɪt]
kredietkaart (de)	credit card	['kredɪt kɑ:d]
baar geld (het)	cash	[kæʃ]
cheque (de)	cheque	[tʃek]
een cheque uitschrijven	to write a cheque	[tə ˌraɪt ə 'tʃek]
chequeboekje (het)	chequebook	['tʃekˌbʊk]
portefeuille (de)	wallet	['wɒlɪt]
geldbeugel (de)	purse	[pɜːs]
safe (de)	safe	[seɪf]
erfgenaam (de)	heir	[eə(r)]
erfenis (de)	inheritance	[ɪn'herɪtəns]
fortuin (het)	fortune	['fɔːtʃuːn]
huur (de)	lease, let	[liːs], [let]
huurprijs (de)	rent	[rent]
huren (huis, kamer)	to rent (vt)	[tə rent]
prijs (de)	price	[praɪs]
kostprijs (de)	cost	[kɒst]
som (de)	sum	[sʌm]
kosten (mv.)	expenses	[ɪk'spensɪz]
bezuinigen (ww)	to economize (vi, vt)	[tə ɪ'kɒnəmaɪz]
zuinig (bn)	economical	[ˌiːkə'nɒmɪkəl]
betalen (ww)	to pay (vi, vt)	[tə peɪ]
betaling (de)	payment	['peɪmənt]
wisselgeld (het)	change	[tʃeɪndʒ]

belasting (de)	tax	[tæks]
boete (de)	fine	[faɪn]
beboeten (bekeuren)	to fine (vt)	[tə faɪn]

60. Post. Postkantoor

postkantoor (het)	post office	[pəʊst 'ɒfɪs]
post (de)	post	[pəʊst]
postbode (de)	postman	[pəʊstmən]
openingsuren (mv.)	opening hours	['əʊpənɪŋ ˌaʊəz]

brief (de)	letter	['letə(r)]
aangetekende brief (de)	registered letter	['redʒɪstəd 'letə(r)]
briefkaart (de)	postcard	['pəʊstkɑːd]
telegram (het)	telegram	['telɪɡræm]
postpakket (het)	parcel	['pɑːsəl]
overschrijving (de)	money transfer	['mʌnɪ trænsˈfɜː(r)]

ontvangen (ww)	to receive (vt)	[tə rɪ'siːv]
sturen (zenden)	to send (vt)	[tə send]
verzending (de)	sending	['sendɪŋ]

adres (het)	address	[ə'dres]
postcode (de)	postcode	['pəʊstkəʊd]
verzender (de)	sender	['sendə(r)]
ontvanger (de)	receiver	[rɪ'siːvə(r)]

| naam (de) | name | [neɪm] |
| achternaam (de) | family name | ['fæmlɪ ˌneɪm] |

tarief (het)	rate	[reɪt]
standaard (bn)	standard	['stændəd]
zuinig (bn)	economical	[ˌiːkə'nɒmɪkəl]

gewicht (het)	weight	[weɪt]
afwegen (op de weegschaal)	to weigh up (vt)	[tə weɪt ʌp]
envelop (de)	envelope	['envələʊp]
postzegel (de)	postage stamp	['pəʊstɪdʒ ˌstæmp]
een postzegel plakken op	to stamp an envelope	[tə stæmp ən 'envələʊp]

Woning. Huis. Thuis

61. Huis. Elektriciteit

elektriciteit (de)	electricity	[ˌɪlek'trɪsətɪ]
lamp (de)	light bulb	['laɪt ˌbʌlb]
schakelaar (de)	switch	[swɪtʃ]
zekering (de)	fuse	[fjuːz]
draad (de)	cable, wire	['keɪbəl], ['waɪə]
bedrading (de)	wiring	['waɪərɪŋ]
elektriciteitsmeter (de)	electricity meter	[ˌɪlek'trɪsətɪ 'miːtə(r)]
gegevens (mv.)	readings	['riːdɪŋz]

62. Villa. Herenhuis

landhuisje (het)	country house	['kʌntrɪ haʊs]
villa (de)	villa	['vɪlə]
vleugel (de)	wing	[wɪŋ]
tuin (de)	garden	['gɑːdən]
park (het)	park	[pɑːk]
oranjerie (de)	tropical glasshouse	['trɒpɪkəl 'glɑːshaʊs]
onderhouden (tuin, enz.)	to look after	[tə lʊk 'ɑːftə]
zwembad (het)	swimming pool	['swɪmɪŋ puːl]
gym (het)	gym	[dʒɪm]
tennisveld (het)	tennis court	['tenɪs kɔːt]
bioscoopkamer (de)	home cinema room	[həʊm 'sɪnəmə rʊm]
garage (de)	garage	[gə'rɑːʒ]
privé-eigendom (het)	private property	['praɪvɪt 'prɒpətɪ]
eigen terrein (het)	private land	['praɪvɪt lænd]
waarschuwing (de)	warning	['wɔːnɪŋ]
waarschuwingsbord (het)	warning sign	['wɔːnɪŋ saɪn]
bewaking (de)	security	[sɪ'kjʊərətɪ]
bewaker (de)	security guard	[sɪ'kjʊərətɪ gɑːd]
inbraakalarm (het)	burglar alarm	['bɜːglə ə'lɑːm]

63. Appartement

appartement (het)	flat	[flæt]
kamer (de)	room	[rʊm]
slaapkamer (de)	bedroom	['bedrʊm]

eetkamer (de)	dining room	['daınıŋ rʊm]
salon (de)	living room	['lıvıŋ ru:m]
studeerkamer (de)	study	['stʌdı]
gang (de)	entry room	['entrı ru:m]
badkamer (de)	bathroom	['bɑ:θrʊm]
toilet (het)	water closet	['wɔ:tə 'klɒzıt]
plafond (het)	ceiling	['si:lıŋ]
vloer (de)	floor	[flɔ:(r)]
hoek (de)	corner	['kɔ:nə(r)]

64. Meubels. Interieur

meubels (mv.)	furniture	['fɜ:nıtʃə(r)]
tafel (de)	table	['teıbəl]
stoel (de)	chair	[tʃeə(r)]
bed (het)	bed	[bed]
bankstel (het)	sofa, settee	['səʊfə], [se'ti:]
fauteuil (de)	armchair	['ɑ:mtʃeə(r)]
boekenkast (de)	bookcase	['bʊkkeıs]
boekenrek (het)	shelf	[ʃelf]
stellingkast (de)	set of shelves	[set əv ʃelvz]
kledingkast (de)	wardrobe	['wɔ:drəʊb]
kapstok (de)	coat rack	['kəʊt ˌræk]
staande kapstok (de)	coat stand	['kəʊt stænd]
commode (de)	chest of drawers	[ˌtʃest əv 'drɔ:z]
salontafeltje (het)	coffee table	['kɒfı 'teıbəl]
spiegel (de)	mirror	['mırə(r)]
tapijt (het)	carpet	['kɑ:pıt]
tapijtje (het)	small carpet	[smɔ:l 'kɑ:pıt]
haard (de)	fireplace	['faıəpleıs]
kaars (de)	candle	['kændəl]
kandelaar (de)	candlestick	['kændəlstık]
gordijnen (mv.)	drapes	[dreıps]
behang (het)	wallpaper	['wɔ:lˌpeıpə(r)]
jaloezie (de)	blinds	[blaındz]
bureaulamp (de)	table lamp	['teıbəl læmp]
staande lamp (de)	standard lamp	['stændəd læmp]
luchter (de)	chandelier	[ˌʃændə'lıə(r)]
poot (ov. een tafel, enz.)	leg	[leg]
armleuning (de)	armrest	['ɑ:mrest]
rugleuning (de)	back	[bæk]
la (de)	drawer	[drɔ:(r)]

65. Beddengoed

beddengoed (het)	bedclothes	['bedkləʊðz]
kussen (het)	pillow	['pɪləʊ]
kussenovertrek (de)	pillowslip	['pɪləʊslɪp]
deken (de)	blanket	['blæŋkɪt]
laken (het)	sheet	[ʃiːt]
sprei (de)	bedspread	['bedspred]

66. Keuken

keuken (de)	kitchen	['kɪtʃɪn]
gas (het)	gas	[gæs]
gasfornuis (het)	gas stove	['gæs stəʊv]
elektrisch fornuis (het)	electric stove	[ɪ'lektrɪk stəʊv]
oven (de)	oven	['ʌvən]
magnetronoven (de)	microwave oven	['maɪkrəweɪv 'ʌvən]
koelkast (de)	refrigerator	[rɪ'frɪdʒəreɪtə(r)]
diepvriezer (de)	freezer	['friːzə(r)]
vaatwasmachine (de)	dishwasher	['dɪʃˌwɒʃə(r)]
vleesmolen (de)	mincer	['mɪnsə(r)]
vruchtenpers (de)	juicer	['dʒuːsə]
toaster (de)	toaster	['təʊstə(r)]
mixer (de)	mixer	['mɪksə(r)]
koffiemachine (de)	coffee maker	['kɒfɪ 'meɪkə(r)]
koffiepot (de)	coffee pot	['kɒfɪ pɒt]
koffiemolen (de)	coffee grinder	['kɒfɪ 'graɪndə(r)]
fluitketel (de)	kettle	['ketəl]
theepot (de)	teapot	['tiːpɒt]
deksel (de/het)	lid	[lɪd]
theezeefje (het)	tea strainer	[tiː 'streɪnə(r)]
lepel (de)	spoon	[spuːn]
theelepeltje (het)	teaspoon	['tiːspuːn]
eetlepel (de)	tablespoon	['teɪbəlspuːn]
vork (de)	fork	[fɔːk]
mes (het)	knife	[naɪf]
vaatwerk (het)	tableware	['teɪbəlweə(r)]
bord (het)	plate	[pleɪt]
schoteltje (het)	saucer	['sɔːsə(r)]
likeurglas (het)	shot glass	[ʃɒt glɑːs]
glas (het)	glass	[glɑːs]
kopje (het)	cup	[kʌp]
suikerpot (de)	sugar bowl	['ʃʊgə ˌbəʊl]
zoutvat (het)	salt shaker	[sɒlt 'ʃeɪkə]
pepervat (het)	pepper shaker	['pepə 'ʃeɪkə]

boterschaaltje (het)	butter dish	['bʌtə dɪʃ]
steelpan (de)	saucepan	['sɔːspən]
bakpan (de)	frying pan	['fraɪɪŋ pæn]
pollepel (de)	ladle	['leɪdəl]
vergiet (de/het)	colander	['kʌləndə(r)]
dienblad (het)	tray	[treɪ]
fles (de)	bottle	['bɒtəl]
glazen pot (de)	jar	[dʒɑː(r)]
blik (conserven~)	tin	[tɪn]
flesopener (de)	bottle opener	['bɒtəl 'əʊpənə(r)]
blikopener (de)	tin opener	[tɪn 'əʊpənə(r)]
kurkentrekker (de)	corkscrew	['kɔːkskruː]
filter (de/het)	filter	['fɪltə(r)]
filteren (ww)	to filter (vt)	[tə 'fɪltə(r)]
huisvuil (het)	rubbish	['rʌbɪʃ]
vuilnisemmer (de)	rubbish bin	['rʌbɪʃ bɪn]

67. Badkamer

badkamer (de)	bathroom	['bɑːθrʊm]
water (het)	water	['wɔːtə(r)]
kraan (de)	tap	[tæp]
warm water (het)	hot water	[hɒt 'wɔːtə(r)]
koud water (het)	cold water	[ˌkəʊld 'wɔːtə(r)]
tandpasta (de)	toothpaste	['tuːθpeɪst]
tanden poetsen (ww)	to clean one's teeth	[tə kliːn wʌns 'tiːθ]
zich scheren (ww)	to shave (vi)	[tə ʃeɪv]
scheercrème (de)	shaving foam	['ʃeɪvɪŋ fəʊm]
scheermes (het)	razor	['reɪzə(r)]
wassen (ww)	to wash (vt)	[tə wɒʃ]
een bad nemen	to have a bath	[tə hæv ə bɑːθ]
douche (de)	shower	['ʃaʊə(r)]
een douche nemen	to have a shower	[tə hæv ə 'ʃaʊə(r)]
bad (het)	bath	[bɑːθ]
toiletpot (de)	toilet	['tɔɪlɪt]
wastafel (de)	sink, washbasin	[sɪŋk], ['wɒʃˌbeɪsən]
zeep (de)	soap	[səʊp]
zeepbakje (het)	soap dish	['səʊpdɪʃ]
spons (de)	sponge	[spʌndʒ]
shampoo (de)	shampoo	[ʃæm'puː]
handdoek (de)	towel	['taʊəl]
badjas (de)	bathrobe	['bɑːθrəʊb]
was (bijv. handwas)	laundry	['lɔːndrɪ]
wasmachine (de)	washing machine	['wɒʃɪŋ mə'ʃiːn]

de was doen	to do the laundry	[tə du: ðə 'lɔ:ndrɪ]
waspoeder (de)	washing powder	['wɒʃɪŋ 'paʊdə(r)]

68. Huishoudelijke apparaten

televisie (de)	TV, telly	[ˌtiː'viː], ['telɪ]
cassettespeler (de)	tape recorder	[teɪp rɪ'kɔ:də(r)]
videorecorder (de)	video	['vɪdɪəʊ]
radio (de)	radio	['reɪdɪəʊ]
speler (de)	player	['pleɪə(r)]
videoprojector (de)	video projector	['vɪdɪəʊ prə'dʒektə(r)]
home theater systeem (het)	home cinema	[həʊm 'sɪnəmə]
DVD-speler (de)	DVD player	[ˌdiː'viː'diː 'pleɪə(r)]
versterker (de)	amplifier	['æmplɪfaɪə]
spelconsole (de)	video game console	['vɪdɪəʊ ɡeɪm 'kɒnsəʊl]
videocamera (de)	video camera	['vɪdɪəʊ 'kæmərə]
fotocamera (de)	camera	['kæmərə]
digitale camera (de)	digital camera	['dɪdʒɪtəl 'kæmərə]
stofzuiger (de)	vacuum cleaner	['vækjʊəm 'kliːnə(r)]
strijkijzer (het)	iron	['aɪən]
strijkplank (de)	ironing board	['aɪrənɪŋ bɔ:d]
telefoon (de)	telephone	['telɪfəʊn]
mobieltje (het)	mobile phone	['məʊbaɪl fəʊn]
schrijfmachine (de)	typewriter	['taɪpˌraɪtə(r)]
naaimachine (de)	sewing machine	['səʊɪŋ mə'ʃi:n]
microfoon (de)	microphone	['maɪkrəfəʊn]
koptelefoon (de)	headphones	['hedfəʊnz]
afstandsbediening (de)	remote control	[rɪ'məʊt kən'trəʊl]
CD (de)	CD, compact disc	[ˌsiː'diː], [kəm'pækt dɪsk]
cassette (de)	cassette	[kæ'set]
vinylplaat (de)	vinyl record	['vaɪnɪl 'rekɔ:d]

MENSELIJKE ACTIVITEITEN

Baan. Business. Deel 1

69. Kantoor. Op kantoor werken

kantoor (het)	office	['ɒfɪs]
kamer (de)	office	['ɒfɪs]
secretaris (de)	secretary	['sekrətəri]
directeur (de)	director	[dɪ'rektə(r)]
manager (de)	manager	['mænɪdʒə(r)]
boekhouder (de)	accountant	[ə'kaʊntənt]
werknemer (de)	employee	[ɪm'plɔɪi:]
meubilair (het)	furniture	['fɜ:nɪtʃə(r)]
tafel (de)	desk	[desk]
bureaustoel (de)	desk chair	[desk ʃeə(r)]
ladeblok (het)	chest of drawers	[ˌtʃest əv 'drɔ:z]
kapstok (de)	coat stand	['kəʊt stænd]
computer (de)	computer	[kəm'pju:tə(r)]
printer (de)	printer	['prɪntə(r)]
fax (de)	fax machine	[fæks mə'ʃi:n]
kopieerapparaat (het)	photocopier	['fəʊtəʊˌkɒpɪə]
papier (het)	paper	['peɪpə(r)]
kantoorartikelen (mv.)	office supplies	['ɒfɪs sə'plaɪs]
muismat (de)	mouse mat	['maʊs mæt]
blad (het)	sheet of paper	[ʃi:t əv 'peɪpə]
catalogus (de)	catalogue	['kætəlɒg]
telefoongids (de)	directory	[dɪ'rektəri]
documentatie (de)	documentation	[ˌdɒkjʊmen'teɪʃən]
brochure (de)	brochure	['brəʊʃə(r)]
flyer (de)	leaflet	['li:flɪt]
monster (het), staal (de)	sample	['sɑ:mpəl]
training (de)	training meeting	['treɪnɪŋ 'mi:tɪŋ]
vergadering (de)	meeting	['mi:tɪŋ]
lunchpauze (de)	lunch time	['lʌntʃ ˌtaɪm]
een kopie maken	to make a copy	[tə meɪk ə 'kɒpɪ]
de kopieën maken	to make multiple copies	[tə meɪk 'mʌltɪpəl 'kɒpɪs]
een fax ontvangen	to receive a fax	[tə rɪ'si:v ə 'fæks]
een fax versturen	to send a fax	[tə ˌsend ə 'fæks]
opbellen (ww)	to ring (vi, vt)	[tə rɪŋ]
antwoorden (ww)	to answer (vi, vt)	[tə 'ɑ:nsə(r)]

doorverbinden (ww)	to put through	[tə pʊt θruː]
afspreken (ww)	to arrange (vt)	[tə əˈreɪndʒ]
demonstreren (ww)	to demonstrate (vt)	[tə ˈdemənstreɪt]
absent zijn (ww)	to be absent	[tə bi ˈæbsənt]
afwezigheid (de)	absence	[ˈæbsəns]

70. Bedrijfsprocessen. Deel 1

bedrijf (business)	business	[ˈbɪznɪs]
firma (de)	firm	[fɜːm]
bedrijf (maatschap)	company	[ˈkʌmpənɪ]
corporatie (de)	corporation	[ˌkɔːpəˈreɪʃən]
onderneming (de)	enterprise	[ˈentəpraɪz]
agentschap (het)	agency	[ˈeɪdʒənsɪ]
overeenkomst (de)	agreement	[əˈgriːmənt]
contract (het)	contract	[ˈkɒntrækt]
transactie (de)	deal	[diːl]
bestelling (de)	order, command	[ˈɔːdə(r)], [kəˈmɑːnd]
voorwaarde (de)	term	[tɜːm]
in het groot (bw)	wholesale	[ˈhəʊlseɪl]
groothandels- (abn)	wholesale	[ˈhəʊlseɪl]
groothandel (de)	wholesale	[ˈhəʊlseɪl]
kleinhandels- (abn)	retail	[ˈriːteɪl]
kleinhandel (de)	retail	[ˈriːteɪl]
concurrent (de)	competitor	[kəmˈpetɪtə(r)]
concurrentie (de)	competition	[ˌkɒmpɪˈtɪʃən]
concurreren (ww)	to compete (vi)	[tə kəmˈpiːt]
partner (de)	partner, associate	[ˈpɑːtnə(r)], [əˈsəʊʃɪət]
partnerschap (het)	partnership	[ˈpɑːtnəʃɪp]
crisis (de)	crisis	[ˈkraɪsɪs]
bankroet (het)	bankruptcy	[ˈbæŋkrʌptsɪ]
bankroet gaan (ww)	to go bankrupt	[tə gəʊ ˈbæŋkrʌpt]
moeilijkheid (de)	difficulty	[ˈdɪfɪkəltɪ]
probleem (het)	problem	[ˈprɒbləm]
catastrofe (de)	catastrophe	[kəˈtæstrəfɪ]
economie (de)	economy	[ɪˈkɒnəmɪ]
economisch (bn)	economic	[ˌiːkəˈnɒmɪk]
economische recessie (de)	economic recession	[ˌiːkəˈnɒmɪk rɪˈseʃən]
doel (het)	goal, purpose	[gəʊl], [ˈpɜːpəs]
taak (de)	task	[tɑːsk]
handelen (handel drijven)	to trade (vi)	[tə treɪd]
netwerk (het)	network	[ˈnetwɜːk]
voorraad (de)	inventory	[ˈɪnvəntərɪ]
assortiment (het)	assortment	[əˈsɔːtmənt]
leider (de)	leader	[ˈliːdə(r)]
groot (bn)	big, large	[bɪg], [lɑːdʒ]

monopolie (het)	monopoly	[mə'nɒpəlı]
theorie (de)	theory	['θɪərı]
praktijk (de)	practice	['præktıs]
ervaring (de)	experience	[ık'spıərıəns]
tendentie (de)	trend	[trend]
ontwikkeling (de)	development	[dı'veləpmənt]

71. Bedrijfsprocessen. Deel 2

voordeel (het)	benefit, profit	['benıfıt], ['prɒfıt]
voordelig (bn)	profitable	['prɒfıtəbəl]
delegatie (de)	delegation	[ˌdelı'geıʃən]
salaris (het)	salary	['sælərı]
corrigeren (fouten ~)	to correct (vt)	[tə kə'rekt]
zakenreis (de)	business trip	['bıznıs trıp]
commissie (de)	commission	[kə'mıʃən]
controleren (ww)	to control (vt)	[tə kən'trəʊl]
conferentie (de)	conference	['kɒnfərəns]
licentie (de)	licence	['laısəns]
betrouwbaar (partner, enz.)	reliable	[rı'laıəbəl]
aanzet (de)	initiative	[ı'nıʃətıv]
norm (bijv. ~ stellen)	norm	[nɔ:m]
omstandigheid (de)	circumstance	['sɜ:kəmstəns]
taak, plicht (de)	duty	['dju:tı]
organisatie (bedrijf, zaak)	organization	[ˌɔ:gənaı'zeıʃən]
organisatie (proces)	organization	[ˌɔ:gənaı'zeıʃən]
georganiseerd (bn)	organized	['ɔ:gənaızd]
afzegging (de)	cancellation	[ˌkænsə'leıʃən]
afzeggen (ww)	to cancel (vt)	[tə 'kænsəl]
verslag (het)	report	[rı'pɔ:t]
patent (het)	patent	['peıtənt]
patenteren (ww)	to patent (vt)	[tə peıtənt]
plannen (ww)	to plan (vt)	[tə plæn]
premie (de)	bonus	['bəʊnəs]
professioneel (bn)	professional	[prə'feʃənəl]
procedure (de)	procedure	[prə'si:dʒə(r)]
onderzoeken (contract, enz.)	to examine (vt)	[tə ıg'zæmın]
berekening (de)	calculation	[ˌkælkjʊ'leıʃən]
reputatie (de)	reputation	[ˌrepjʊ'teıʃən]
risico (het)	risk	[rısk]
beheren (managen)	to manage (vt)	[tə 'mænıdʒ]
informatie (de)	information	[ˌınfə'meıʃən]
eigendom (bezit)	property	['prɒpətı]
unie (de)	union	['ju:nıən]
levensverzekering (de)	life insurance	[laıf ın'ʃɔ:rəns]
verzekeren (ww)	to insure (vt)	[tu ın'ʃɔ:(r)]

verzekering (de)	insurance	[ɪn'ʃɔ:rəns]
veiling (de)	auction	['ɔ:kʃən]
verwittigen (ww)	to notify (vt)	[tə 'nəʊtɪfaɪ]
beheer (het)	management	['mænɪdʒmənt]
dienst (de)	service	['sɜ:vɪs]
forum (het)	forum	['fɔ:rəm]
functioneren (ww)	to function (vi)	[tə 'fʌŋkʃən]
stap, etappe (de)	stage	[steɪdʒ]
juridisch (bn)	legal	['li:gəl]
jurist (de)	lawyer	['lɔ:jə(r)]

72. Productie. Werken

industriële installatie (fabriek)	plant	[plɑ:nt]
fabriek (de)	factory	['fæktərɪ]
werkplaatsruimte (de)	workshop	['wɜ:kʃɒp]
productielocatie (de)	production site	[prə'dʌkʃən saɪt]
industrie (de)	industry	['ɪndʌstrɪ]
industrieel (bn)	industrial	[ɪn'dʌstrɪəl]
zware industrie (de)	heavy industry	['hevɪ 'ɪndʌstrɪ]
lichte industrie (de)	light industry	[laɪt 'ɪndʌstrɪ]
productie (de)	products	['prɒdʌkts]
produceren (ww)	to produce (vt)	[tə prə'dju:s]
grondstof (de)	raw materials	[rɔ: mə'tɪərɪəlz]
voorman, ploegbaas (de)	foreman	['fɔ:mən]
ploeg (de)	workers team	['wɜ:kəz ti:m]
arbeider (de)	worker	['wɜ:kə(r)]
werkdag (de)	working day	['wɜ:kɪŋ deɪ]
pauze (de)	pause, break	[pɔ:z], [breɪk]
samenkomst (de)	meeting	['mi:tɪŋ]
bespreken (spreken over)	to discuss (vt)	[tə dɪs'kʌs]
plan (het)	plan	[plæn]
het plan uitvoeren	to fulfil the plan	[tə fʊl'fɪl ðə plæn]
productienorm (de)	rate of output	[reɪt əv 'aʊtpʊt]
kwaliteit (de)	quality	['kwɒlɪtɪ]
controle (de)	checking	['tʃekɪŋ]
kwaliteitscontrole (de)	quality control	['kwɒlɪtɪ kən'trəʊl]
arbeidsveiligheid (de)	work safety	[wɜ:k 'seɪftɪ]
discipline (de)	discipline	['dɪsɪplɪn]
overtreding (de)	violation	[ˌvaɪə'leɪʃən]
overtreden (ww)	to violate (vt)	[tə 'vaɪəleɪt]
staking (de)	strike	[straɪk]
staker (de)	striker	['straɪkə(r)]
staken (ww)	to be on strike	[tə bi ɒn straɪk]
vakbond (de)	trade union	[treɪd 'ju:nɪən]
uitvinden (machine, enz.)	to invent (vt)	[tə ɪn'vent]

uitvinding (de)	invention	[ɪn'venʃən]
onderzoek (het)	research	[rɪ'sɜːtʃ]
verbeteren (beter maken)	to improve (vt)	[tu ɪm'pruːv]
technologie (de)	technology	[tek'nɒlədʒɪ]
technische tekening (de)	technical drawing	['teknɪkəl 'drɔːɪŋ]
vracht (de)	load, cargo	[ləʊd], ['kɑːgəʊ]
lader (de)	loader	['ləʊdə(r)]
laden (vrachtwagen)	to load (vt)	[tə ləʊd]
laden (het)	loading	['ləʊdɪŋ]
lossen (ww)	to unload (vi, vt)	[tə ˌʌn'ləʊd]
lossen (het)	unloading	[ˌʌn'ləʊdɪŋ]
transport (het)	transport	['trænspɔːt]
transportbedrijf (de)	transport company	['trænspɔːt 'kʌmpənɪ]
transporteren (ww)	to transport (vt)	[tə træn'spɔːt]
goederenwagon (de)	wagon	['wægən]
tank (bijv. ketelwagen)	cistern	['sɪstən]
vrachtwagen (de)	lorry	['lɒrɪ]
machine (de)	machine tool	[mə'ʃiːn tuːl]
mechanisme (het)	mechanism	['mekənɪzəm]
industrieel afval (het)	industrial waste	[ɪn'dʌstrɪəl weɪst]
verpakking (de)	packing	['pækɪŋ]
verpakken (ww)	to pack (vt)	[tə pæk]

73. Contract. Overeenstemming.

contract (het)	contract	['kɒntrækt]
overeenkomst (de)	agreement	[ə'griːmənt]
bijlage (de)	addendum	[ə'dendəm]
een contract sluiten	to sign a contract	[tə saɪn ə 'kɒntrækt]
handtekening (de)	signature	['sɪgnətʃə(r)]
ondertekenen (ww)	to sign (vt)	[tə saɪn]
stempel (de)	stamp, seal	[stæmp], [siːl]
voorwerp (het) van de overeenkomst	subject of contract	['sʌbdʒɪkt əv 'kɒntrækt]
clausule (de)	clause	[klɔːz]
partijen (mv.)	parties	['pɑːtɪz]
vestigingsadres (het)	legal address	['liːgəl ə'dres]
het contract verbreken (overtreden)	to break the contract	[tə breɪk ðə 'kɒntrækt]
verplichting (de)	commitment	[kə'mɪtmənt]
verantwoordelijkheid (de)	responsibility	[rɪˌspɒnsə'bɪlɪtɪ]
overmacht (de)	force majeure	[fɔːs mæ'ʒɜː]
geschil (het)	dispute	[dɪ'spjuːt]
sancties (mv.)	penalties	['penəltɪz]

74. Import & Export

import (de)	**import**	['ɪmpɔːt]
importeur (de)	**importer**	[ɪm'pɔːtə(r)]
importeren (ww)	**to import** (vt)	[tə ɪm'pɔːt]
import- (abn)	**import**	['ɪmpɔːt]
uitvoer (export)	**export**	['ekspɔːt]
exporteur (de)	**exporter**	[ek'spɔːtə(r)]
exporteren (ww)	**to export** (vi, vt)	[tə ɪk'spɔːt]
uitvoer- (bijv., ~goederen)	**export**	['ekspɔːt]
goederen (mv.)	**goods**	[gʊdz]
partij (de)	**consignment, lot**	[ˌkən'saɪnmənt], [lɒt]
gewicht (het)	**weight**	[weɪt]
volume (het)	**volume**	['vɒljuːm]
kubieke meter (de)	**cubic metre**	['kjuːbɪk 'miːtə(r)]
producent (de)	**manufacturer**	[ˌmænjʊ'fæktʃərə(r)]
transportbedrijf (de)	**transport company**	['trænspɔːt 'kʌmpənɪ]
container (de)	**container**	[kən'teɪnə(r)]
grens (de)	**border**	['bɔːdə(r)]
douane (de)	**customs**	['kʌstəmz]
douanerecht (het)	**customs duty**	['kʌstəmz 'djuːtɪ]
douanier (de)	**customs officer**	['kʌstəmz 'ɒfɪsə(r)]
smokkelen (het)	**smuggling**	['smʌglɪŋ]
smokkelwaar (de)	**contraband**	['kɒntrəbænd]

75. Financiën

aandeel (het)	**share, stock**	[ʃeə(r)], [stɒk]
obligatie (de)	**bond**	[bɒnd]
wissel (de)	**bill of exchange**	[bɪl əv ɪks'tʃeɪndʒ]
beurs (de)	**stock exchange**	[stɒk ɪks'tʃeɪndʒ]
aandelenkoers (de)	**stock price**	[stɒk praɪs]
dalen (ww)	**to go down**	[tə gəʊ daʊn]
stijgen (ww)	**to go up**	[tə gəʊ ʌp]
deel (het)	**shareholding**	['ʃeəˌhəʊldɪŋ]
meerderheidsbelang (het)	**controlling interest**	[kən'trəʊlɪŋ 'ɪntrəst]
investeringen (mv.)	**investment**	[ɪn'vestmənt]
investeren (ww)	**to invest** (vi, vt)	[tu ɪn'vest]
procent (het)	**percent**	[pə'sent]
rente (de)	**interest**	['ɪntrəst]
winst (de)	**profit**	['prɒfɪt]
winstgevend (bn)	**profitable**	['prɒfɪtəbəl]
belasting (de)	**tax**	[tæks]

valuta (vreemde ~)	currency	['kʌrənsɪ]
nationaal (bn)	national	['næʃənəl]
ruil (de)	exchange	[ɪks'tʃeɪndʒ]
boekhouder (de)	accountant	[ə'kaʊntənt]
boekhouding (de)	accounting	[ə'kaʊnts dɪ'pɑːtmənt]
bankroet (het)	bankruptcy	['bæŋkrʌptsɪ]
geruïneerd zijn (ww)	to be ruined	[tə biː 'ruːɪnd]
inflatie (de)	inflation	[ɪn'fleɪʃən]
devaluatie (de)	devaluation	['diːˌvæljuː'eɪʃən]
kapitaal (het)	capital	['kæpɪtəl]
inkomen (het)	income	['ɪŋkʌm]
omzet (de)	turnover	['tɜːnˌəʊvə(r)]
middelen (mv.)	resources	[rɪ'sɔːsɪz]
financiële middelen (mv.)	monetary resources	['mʌnɪtərɪ rɪ'sɔːsɪz]
operationele kosten (mv.)	overheads	['əʊvəhedz]
reduceren (kosten ~)	to reduce (vt)	[tə rɪ'djuːs]

76. Marketing

marketing (de)	marketing	['mɑːkɪtɪŋ]
markt (de)	market	['mɑːkɪt]
marktsegment (het)	market segment	['mɑːkɪt 'segmənt]
product (het)	product	['prɒdʌkt]
goederen (mv.)	goods	[gʊdz]
merk (het)	brand	[brænd]
logo (het)	logo	['ləʊgəʊ]
vraag (de)	demand	[dɪ'mɑːnd]
aanbod (het)	supply	[sə'plaɪ]
behoefte (de)	need	[niːd]
consument (de)	consumer	[kən'sjuːmə(r)]
analyse (de)	analysis	[ə'næləsɪs]
analyseren (ww)	to analyse (vt)	[tu 'ænəlaɪz]
positionering (de)	positioning	[pə'zɪʃənɪŋ]
positioneren (ww)	to position (vt)	[tə pə'zɪʃən]
prijs (de)	price	[praɪs]
prijspolitiek (de)	pricing policy	['praɪsɪŋ 'pɒləsɪ]
prijsvorming (de)	formation of price	[fɔː'meɪʃən əv praɪs]

77. Reclame

reclame (de)	advertising	['ædvətaɪzɪŋ]
adverteren (ww)	to advertise (vt)	[tə 'ædvətaɪz]
budget (het)	budget	['bʌdʒɪt]
advertentie, reclame (de)	advertisement	[əd'vɜːtɪsmənt]

Nederlands	English	IPA
TV-reclame (de)	TV advertising	[ˌtiːˈviː ˈædvətaɪzɪŋ]
radioreclame (de)	radio advertising	[ˈreɪdɪəʊ ˈædvətaɪzɪŋ]
buitenreclame (de)	outdoor advertising	[ˈaʊtdɔː(r) ˈædvətaɪzɪŋ]
massamedia (de)	mass medias	[mæs ˈmiːdɪəs]
periodiek (de)	periodical	[ˌpɪərɪˈɒdɪkəl]
imago (het)	image	[ˈɪmɪdʒ]
slagzin (de)	slogan	[ˈsləʊɡən]
motto (het)	motto	[ˈmɒtəʊ]
campagne (de)	campaign	[kæmˈpeɪn]
reclamecampagne (de)	advertising campaign	[ˈædvətaɪzɪŋ kæmˈpeɪn]
doelpubliek (het)	target group	[ˈtɑːɡɪt ɡruːp]
visitekaartje (het)	business card	[ˈbɪznɪs kɑːd]
flyer (de)	leaflet	[ˈliːflɪt]
brochure (de)	brochure	[ˈbrəʊʃə(r)]
folder (de)	pamphlet	[ˈpæmflɪt]
nieuwsbrief (de)	newsletter	[ˈnjuːzˌletə(r)]
gevelreclame (de)	shop sign	[ʃɒp saɪn]
poster (de)	poster	[ˈpəʊstə(r)]
aanplakbord (het)	hoarding	[ˈhɔːdɪŋ]

78. Bankieren

Nederlands	English	IPA
bank (de)	bank	[bæŋk]
bankfiliaal (het)	branch	[brɑːntʃ]
bankbediende (de)	consultant	[kənˈsʌltənt]
manager (de)	manager	[ˈmænɪdʒə(r)]
bankrekening (de)	bank account	[bæŋk əˈkaʊnt]
rekeningnummer (het)	account number	[əˈkaʊnt ˈnʌmbə(r)]
lopende rekening (de)	current account	[ˈkʌrənt əˈkaʊnt]
spaarrekening (de)	deposit account	[dɪˈpɒzɪt əˈkaʊnt]
een rekening openen	to open an account	[tu ˈəʊpən ən əˈkaʊnt]
de rekening sluiten	to close the account	[tə kləʊz ðɪ əˈkaʊnt]
storting (de)	deposit	[dɪˈpɒzɪt]
een storting maken	to make a deposit	[tə meɪk ə dɪˈpɒzɪt]
overschrijving (de)	wire transfer	[ˈwaɪə ˈtrænsfɜː(r)]
een overschrijving maken	to wire, to transfer	[tə ˈwaɪə], [tə trænsˈfɜː]
som (de)	sum	[sʌm]
Hoeveel?	How much?	[ˌhaʊ ˈmʌtʃ]
handtekening (de)	signature	[ˈsɪɡnətʃə(r)]
ondertekenen (ww)	to sign (vt)	[tə saɪn]
kredietkaart (de)	credit card	[ˈkredɪt kɑːd]
code (de)	code	[kəʊd]

| kredietkaartnummer (het) | credit card number | ['kredɪt kɑːd 'nʌmbə(r)] |
| geldautomaat (de) | cashpoint | ['kæʃpɔɪnt] |

cheque (de)	cheque	[tʃek]
een cheque uitschrijven	to write a cheque	[tə ˌraɪt ə 'tʃek]
chequeboekje (het)	chequebook	['tʃekˌbʊk]

lening, krediet (de)	loan	[ləʊn]
een lening aanvragen	to apply for a loan	[tə ə'plaɪ fɔːrə ləʊn]
een lening nemen	to get a loan	[tə get ə ləʊn]
een lening verlenen	to give a loan	[tə gɪv ə ləʊn]
garantie (de)	guarantee	[ˌgærən'tiː]

79. Telefoon. Telefoongesprek

telefoon (de)	telephone	['telɪfəʊn]
mobieltje (het)	mobile phone	['məʊbaɪl fəʊn]
antwoordapparaat (het)	answering machine	['ɑːnsərɪŋ mə'ʃiːn]

| bellen (ww) | to ring (vi, vt) | [tə rɪŋ] |
| belletje (telefoontje) | call, ring | [kɔːl], [rɪŋ] |

een nummer draaien	to dial a number	[tə 'daɪəl ə 'nʌmbə(r)]
Hallo!	Hello!	[hə'ləʊ]
vragen (ww)	to ask (vt)	[tə ɑːsk]
antwoorden (ww)	to answer (vi, vt)	[tə 'ɑːnsə(r)]

horen (ww)	to hear (vt)	[tə hɪə(r)]
goed (bw)	well	[wel]
slecht (bw)	not well	[nɒt wel]
storingen (mv.)	noises	[nɔɪzɪz]

hoorn (de)	receiver	[rɪ'siːvə(r)]
opnemen (ww)	to pick up the phone	[tə pɪk ʌp ðə fəʊn]
ophangen (ww)	to hang up	[tə hæŋg ʌp]

bezet (bn)	engaged	[ɪn'geɪdʒd]
overgaan (ww)	to ring (vi)	[tə rɪŋ]
telefoonboek (het)	telephone book	['telɪfəʊn bʊk]

lokaal (bn)	local	['ləʊkəl]
interlokaal (bn)	trunk	[trʌŋk]
buitenlands (bn)	international	[ˌɪntə'næʃənəl]

80. Mobiele telefoon

mobieltje (het)	mobile phone	['məʊbaɪl fəʊn]
scherm (het)	display	[dɪ'spleɪ]
toets, knop (de)	button	['bʌtən]
simkaart (de)	SIM card	[sɪm kɑːd]
batterij (de)	battery	['bætərɪ]
leeg zijn (ww)	to be flat	[tə bi flæt]

acculader (de)	charger	['tʃɑːdʒə(r)]
menu (het)	menu	['menjuː]
instellingen (mv.)	settings	['setɪŋz]
melodie (beltoon)	tune	[tjuːn]
selecteren (ww)	to select (vt)	[tə sɪ'lekt]
rekenmachine (de)	calculator	['kælkjʊleɪtə(r)]
voicemail (de)	voice mail	[vɔɪs meɪl]
wekker (de)	alarm clock	[ə'lɑːm klɒk]
contacten (mv.)	contacts	['kɒntækts]
SMS-bericht (het)	SMS	[ˌesem'es]
abonnee (de)	subscriber	[səb'skraɪbə(r)]

81. Schrijfbehoeften

balpen (de)	ballpoint pen	['bɔːlpɔɪnt pen]
vulpen (de)	fountain pen	['faʊntɪn pen]
potlood (het)	pencil	['pensəl]
marker (de)	highlighter	['haɪlaɪtə(r)]
viltstift (de)	felt-tip pen	[felt tɪp pen]
notitieboekje (het)	notepad	['nəʊtpæd]
agenda (boekje)	diary	['daɪərɪ]
liniaal (de/het)	ruler	['ruːlə(r)]
rekenmachine (de)	calculator	['kælkjʊleɪtə(r)]
gom (de)	rubber	['rʌbə(r)]
punaise (de)	drawing pin	['drɔːɪŋ pɪn]
paperclip (de)	paper clip	['peɪpə klɪp]
lijm (de)	glue	[gluː]
nietmachine (de)	stapler	['steɪplə(r)]
perforator (de)	hole punch	[həʊl pʌntʃ]
potloodslijper (de)	pencil sharpener	['pensəl 'ʃɑːpənə(r)]

82. Soorten bedrijven

boekhouddiensten (mv.)	accounting services	[ə'kaʊntɪŋ 'sɜːvɪsɪz]
reclame (de)	advertising	['ædvətaɪzɪŋ]
reclamebureau (het)	advertising agency	['ædvətaɪzɪŋ 'eɪdʒənsɪ]
airconditioning (de)	air-conditioners	[eə kən'dɪʃənəz]
luchtvaartmaatschappij (de)	airline	['eəlaɪn]
alcoholische dranken (mv.)	alcoholic drinks	[ˌælkə'hɒlɪk drɪŋks]
antiek (het)	antiquities	[æn'tɪkwətɪz]
kunstgalerie (de)	art gallery	[ɑːt 'gælərɪ]
audit diensten (mv.)	audit services	['ɔːdɪt 'sɜːvɪsɪz]
banken (mv.)	banks	[bæŋks]
bar (de)	pub	[pʌb]

Nederlands	English	IPA
schoonheidssalon (de/het)	beauty salon	['bju:tɪ 'sælɒn]
boekhandel (de)	bookshop	['bʊkʃɒp]
bierbrouwerij (de)	brewery	['brʊərɪ]
zakencentrum (het)	business centre	['bɪznɪs 'sentə(r)]
business school (de)	business school	['bɪznɪs sku:l]
casino (het)	casino	[kə'si:nəʊ]
bouwbedrijven (mv.)	construction	[kən'strʌkʃən]
adviesbureau (het)	consulting	[kən'sʌltɪŋ]
tandheelkunde (de)	dental clinic	['dentəl 'klɪnɪk]
design (het)	design	[dɪ'zaɪn]
apotheek (de)	chemist	['kemɪst]
stomerij (de)	dry cleaners	[ˌdraɪ 'kli:nəz]
uitzendbureau (het)	employment agency	[ɪm'plɔɪmənt 'eɪdʒənsɪ]
financiële diensten (mv.)	financial services	[faɪ'nænʃəl 'sɜ:vɪsɪz]
voedingswaren (mv.)	food products	[fu:d 'prɒdʌkts]
uitvaartcentrum (het)	undertakers	['ʌndəˌteɪkəs]
meubilair (het)	furniture	['fɜ:nɪtʃə(r)]
kleding (de)	garment	['gɑ:mənt]
hotel (het)	hotel	[həʊ'tel]
IJsje (het)	ice-cream	[aɪs kri:m]
industrie (de)	industry	['ɪndʌstrɪ]
verzekering (de)	insurance	[ɪn'ʃɔ:rəns]
Internet (het)	Internet	['ɪntənet]
investeringen (mv.)	investment	[ɪn'vestmənt]
juwelier (de)	jeweller	['dʒu:ələ(r)]
juwelen (mv.)	jewellery	['dʒu:əlrɪ]
wasserette (de)	laundry	['lɔ:ndrɪ]
juridische diensten (mv.)	legal adviser	['li:gəl əd'vaɪzə(r)]
lichte industrie (de)	light industry	[laɪt 'ɪndʌstrɪ]
tijdschrift (het)	magazine	[ˌmægə'zi:n]
postorderbedrijven (mv.)	mail-order selling	[meɪl 'ɔ:də 'selɪŋ]
medicijnen (mv.)	medicine	['medsɪn]
bioscoop (de)	cinema	['sɪnəmə]
museum (het)	museum	[mju:'zi:əm]
persbureau (het)	news agency	[nju:z 'eɪdʒənsɪ]
krant (de)	newspaper	['nju:zˌpeɪpə(r)]
nachtclub (de)	nightclub	[naɪt klʌb]
olie (aardolie)	oil, petroleum	[ɔɪl], [pɪ'trəʊlɪəm]
koerierdienst (de)	parcels service	['pɑ:səls 'sɜ:vɪs]
geneesmiddelen (mv.)	pharmaceuticals	[ˌfɑ:mə'sju:tɪkəlz]
drukkerij (de)	printing	['prɪntɪŋ]
uitgeverij (de)	publishing house	['pʌblɪʃɪŋ ˌhaʊs]
radio (de)	radio	['reɪdɪəʊ]
vastgoed (het)	real estate	[rɪəl ɪ'steɪt]
restaurant (het)	restaurant	['restrɒnt]
bewakingsfirma (de)	security agency	[sɪ'kjʊərətɪ 'eɪdʒənsɪ]
sport (de)	sport	[spɔ:t]

handelsbeurs (de)	**stock exchange**	[stɒk ɪks'tʃeɪndʒ]
winkel (de)	**shop**	[ʃɒp]
supermarkt (de)	**supermarket**	['su:pəˌmɑ:kɪt]
zwembad (het)	**swimming pool**	['swɪmɪŋ pu:l]
naaiatelier (het)	**tailors**	['teɪləz]
televisie (de)	**television**	['telɪˌvɪʒən]
theater (het)	**theatre**	['θɪətə(r)]
handel (de)	**trade**	[treɪd]
transport (het)	**transport companies**	['trænspɔ:t 'kʌmpənɪz]
toerisme (het)	**travel**	['trævəl]
dierenarts (de)	**veterinary surgeon**	['vetərɪnrɪ 'sɜ:dʒən]
magazijn (het)	**warehouse**	['weəhaʊs]
afvalinzameling (de)	**waste collection**	[weɪst kə'lekʃən]

77

Baan. Business. Deel 2

83. Show. Tentoonstelling

beurs (de)	exhibition, show	[ˌeksɪ'bɪʃən], [ʃəʊ]
vakbeurs, handelsbeurs (de)	trade show	[treɪd ʃəʊ]

deelneming (de)	participation	[pɑːˌtɪsɪ'peɪʃən]
deelnemen (ww)	to participate (vi)	[tə pɑː'tɪsɪpeɪt]
deelnemer (de)	participant	[pɑː'tɪsɪpənt]

directeur (de)	director	[dɪ'rektə(r)]
organisator (de)	organizer	['ɔːgənaɪzə(r)]
organiseren (ww)	to organize (vt)	[tə 'ɔːgənaɪz]

deelnemingsaanvraag (de)	participation form	[pɑːˌtɪsɪ'peɪʃən fɔːm]
invullen (een formulier ~)	to fill in (vt)	[tə fɪl 'ɪn]
details (mv.)	details	['diːteɪlz]
informatie (de)	information	[ˌɪnfə'meɪʃən]

prijs (de)	price	[praɪs]
inclusief (bijv. ~ BTW)	including	[ɪn'kluːdɪŋ]
inbegrepen (alles ~)	to include (vt)	[tu ɪn'kluːd]
betalen (ww)	to pay (vi, vt)	[tə peɪ]
registratietarief (het)	registration fee	[ˌredʒɪ'streɪʃən fiː]

ingang (de)	entrance	['entrəns]
paviljoen (het), hal (de)	pavilion, hall	[pə'vɪljən], [hɔːl]
registreren (ww)	to register (vt)	[tə 'redʒɪstə(r)]
badge, kaart (de)	badge	[bædʒ]

beursstand (de)	stand	[stænd]
reserveren (een stand ~)	to reserve, to book	[tə rɪ'zɜːv], [tə bʊk]

vitrine (de)	display case	[dɪ'spleɪ keɪs]
licht (het)	spotlight	['spɒtlaɪt]
design (het)	design	[dɪ'zaɪn]
plaatsen (ww)	to place (vt)	[tə pleɪs]
geplaatst zijn (ww)	to be placed	[tə bi pleɪst]

distributeur (de)	distributor	[dɪ'strɪbjutə(r)]
leverancier (de)	supplier	[sə'plaɪə(r)]
leveren (ww)	to supply (vt)	[tə sə'plaɪ]
land (het)	country	['kʌntrɪ]
buitenlands (bn)	foreign	['fɒrən]
product (het)	product	['prɒdʌkt]

associatie (de)	association	[əˌsəʊsɪ'eɪʃən]
conferentiezaal (de)	conference hall	['kɒnfərəns hɔːl]
congres (het)	congress	['kɒŋgres]

wedstrijd (de)	contest	['kɒntest]
bezoeker (de)	visitor	['vɪzɪtə(r)]
bezoeken (ww)	to visit (vt)	[tə 'vɪzɪt]
afnemer (de)	customer	['kʌstəmə(r)]

84. Wetenschap. Onderzoek. Wetenschappers

wetenschap (de)	science	['saɪəns]
wetenschappelijk (bn)	scientific	[ˌsaɪən'tɪfɪk]
wetenschapper (de)	scientist	['saɪəntɪst]
theorie (de)	theory	['θɪərɪ]

axioma (het)	axiom	['æksɪəm]
analyse (de)	analysis	[ə'næləsɪs]
analyseren (ww)	to analyse (vt)	[tu 'ænəlaɪz]
argument (het)	argument	['ɑːgjʊmənt]
substantie (de)	substance	['sʌbstəns]

hypothese (de)	hypothesis	[haɪ'pɒθɪsɪs]
dilemma (het)	dilemma	[dɪ'lemə]
dissertatie (de)	dissertation	[ˌdɪsə'teɪʃən]
dogma (het)	dogma	['dɒgmə]

doctrine (de)	doctrine	['dɒktrɪn]
onderzoek (het)	research	[rɪ'sɜːtʃ]
onderzoeken (ww)	to research (vt)	[tə rɪ'sɜːtʃ]
toetsing (de)	testing	['testɪŋ]
laboratorium (het)	laboratory	[lə'bɒrətrɪ]

methode (de)	method	['meθəd]
molecule (de/het)	molecule	['mɒlɪkjuːl]
monitoring (de)	monitoring	['mɒnɪtərɪŋ]
ontdekking (de)	discovery	[dɪ'skʌvərɪ]

postulaat (het)	postulate	['pɒstjʊlət]
principe (het)	principle	['prɪnsɪpəl]
voorspelling (de)	forecast	['fɔːkɑːst]
een prognose maken	prognosticate (vt)	[prɒg'nɒstɪkeɪt]

synthese (de)	synthesis	['sɪnθəsɪs]
tendentie (de)	trend	[trend]
theorema (het)	theorem	['θɪərəm]

leerstellingen (mv.)	teachings	['tiːtʃɪŋz]
feit (het)	fact	[fækt]
expeditie (de)	expedition	[ˌekspɪ'dɪʃən]
experiment (het)	experiment	[ɪk'sperɪmənt]

academicus (de)	academician	[əˌkædə'mɪʃən]
bachelor (bijv. BA, LLB)	bachelor	['bætʃələ(r)]
doctor (de)	doctor, PhD	['dɒktə(r)], [ˌpiːeɪtʃ'diː]
universitair docent (de)	Associate Professor	[ə'səʊʃɪət prə'fesə(r)]
master, magister (de)	Master	['mɑːstə(r)]
professor (de)	professor	[prə'fesə(r)]

Beroepen en ambachten

85. Zoeken naar werk. Ontslag

baan (de)	job	[dʒɒb]
werknemers (mv.)	staff	[stɑːf]

carrière (de)	career	[kəˈrɪə(r)]
vooruitzichten (mv.)	prospects	[ˈprɒspekts]
meesterschap (het)	skills, mastery	[skɪls], [ˈmɑːstərɪ]

keuze (de)	selection	[sɪˈlekʃən]
uitzendbureau (het)	employment agency	[ɪmˈplɔɪmənt ˈeɪdʒənsɪ]
CV, curriculum vitae (het)	CV	[ˌsiːˈviː]
sollicitatiegesprek (het)	interview	[ˈɪntəvjuː]
vacature (de)	vacancy	[ˈveɪkənsɪ]

salaris (het)	salary, pay	[ˈsælərɪ], [peɪ]
loon (het)	pay, compensation	[peɪ], [ˌkɒmpenˈseɪʃən]

betrekking (de)	position	[pəˈzɪʃən]
taak, plicht (de)	duty	[ˈdjuːtɪ]
takenpakket (het)	range of duties	[reɪndʒ əv ˈdjuːtɪz]
bezig (~ zijn)	busy	[ˈbɪzɪ]

ontslagen (ww)	to fire, to dismiss	[tə ˈfaɪə], [tə dɪsˈmɪs]
ontslag (het)	dismissal	[dɪsˈmɪsəl]

werkloosheid (de)	unemployment	[ˌʌnɪmˈplɔɪmənt]
werkloze (de)	unemployed	[ˌʌnɪmˈplɔɪd]
pensioen (het)	retirement	[rɪˈtaɪəmənt]
met pensioen gaan	to retire (vi)	[tə rɪˈtaɪə(r)]

86. Zakenmensen

directeur (de)	director	[dɪˈrektə(r)]
beheerder (de)	manager	[ˈmænɪdʒə(r)]
hoofd (het)	boss	[bɒs]

baas (de)	superior	[suːˈpɪərɪə]
superieuren (mv.)	superiors	[suːˈpɪərɪərz]
president (de)	president	[ˈprezɪdənt]
voorzitter (de)	chairman	[ˈtʃeəmən]

adjunct (de)	deputy	[ˈdepjutɪ]
assistent (de)	assistant	[əˈsɪstənt]
secretaris (de)	secretary	[ˈsekrətərɪ]
persoonlijke assistent (de)	personal assistant	[ˈpɜːsənəl əˈsɪstənt]

zakenman (de)	businessman	['bɪznɪsmæn]
ondernemer (de)	entrepreneur	[ˌɒntrəprə'nɜː(r)]
oprichter (de)	founder	['faʊndə(r)]
oprichten (een nieuw bedrijf ~)	to found (vt)	[tə faʊnd]

stichter (de)	incorporator	[ɪn'kɔːpəreɪtə]
partner (de)	partner	['pɑːtnə(r)]
aandeelhouder (de)	shareholder	['ʃeəˌhəʊldə(r)]

miljonair (de)	millionaire	[ˌmɪljə'neə(r)]
miljardair (de)	billionaire	[ˌbɪljə'neə(r)]
eigenaar (de)	owner	['əʊnə(r)]
landeigenaar (de)	landowner	['lændˌəʊnə(r)]

klant (de)	client	['klaɪənt]
vaste klant (de)	regular client	['regjʊlə 'klaɪənt]
koper (de)	buyer	['baɪə(r)]
bezoeker (de)	visitor	['vɪzɪtə(r)]

professioneel (de)	professional	[prə'feʃənəl]
expert (de)	expert	['ekspɜːt]
specialist (de)	specialist	['speʃəlɪst]

bankier (de)	banker	['bæŋkə(r)]
makelaar (de)	broker	['brəʊkə(r)]

kassier (de)	cashier	[kæ'ʃɪə(r)]
boekhouder (de)	accountant	[ə'kaʊntənt]
bewaker (de)	security guard	[sɪ'kjʊərətɪ gɑːd]

investeerder (de)	investor	[ɪn'vestə(r)]
schuldenaar (de)	debtor	['detə(r)]
crediteur (de)	creditor	['kredɪtə(r)]
lener (de)	borrower	['bɒrəʊə(r)]

importeur (de)	importer	[ɪm'pɔːtə(r)]
exporteur (de)	exporter	[ek'spɔːtə(r)]

producent (de)	manufacturer	[ˌmænjʊ'fæktʃərə(r)]
distributeur (de)	distributor	[dɪ'strɪbjʊtə(r)]
bemiddelaar (de)	middleman	['mɪdəlmæn]

adviseur, consulent (de)	consultant	[kən'sʌltənt]
vertegenwoordiger (de)	sales representative	['seɪlz ˌreprɪ'zentətɪv]
agent (de)	agent	['eɪdʒənt]
verzekeringsagent (de)	insurance agent	[ɪn'ʃɔːrəns 'eɪdʒənt]

87. Dienstverlenende beroepen

kok (de)	cook	[kʊk]
chef-kok (de)	chef	[ʃef]
barman (de)	barman	['bɑːmən]
kelner, ober (de)	waiter	['weɪtə(r)]

serveerster (de)	**waitress**	['weɪtrɪs]
advocaat (de)	**lawyer, barrister**	['lɔːjə(r)], ['bærɪstə(r)]
jurist (de)	**lawyer**	['lɔːjə(r)]
notaris (de)	**notary**	['nəʊtərɪ]
elektricien (de)	**electrician**	[ˌɪlek'trɪʃən]
loodgieter (de)	**plumber**	['plʌmə(r)]
timmerman (de)	**carpenter**	['kɑːpəntə(r)]
masseur (de)	**masseur**	[mæ'sɜː]
masseuse (de)	**masseuse**	[mæ'suːz]
dokter, arts (de)	**doctor**	['dɒktə(r)]
taxichauffeur (de)	**taxi driver**	['tæksɪ 'draɪvə(r)]
chauffeur (de)	**driver**	['draɪvə(r)]
koerier (de)	**delivery man**	[dɪ'lɪvərɪ mæn]
kamermeisje (het)	**chambermaid**	['tʃeɪmbəˌmeɪd]
bewaker (de)	**security guard**	[sɪ'kjʊərətɪ gɑːd]
stewardess (de)	**stewardess**	['stjʊədɪs]
meester (de)	**teacher**	['tiːtʃə(r)]
bibliothecaris (de)	**librarian**	[laɪ'breərɪən]
vertaler (de)	**translator**	[trænsˈleɪtə(r)]
tolk (de)	**interpreter**	[ɪn'tɜːprɪtə(r)]
gids (de)	**guide**	[gaɪd]
kapper (de)	**hairdresser**	['heəˌdresə(r)]
postbode (de)	**postman**	[pəʊstmən]
verkoper (de)	**shop assistant**	[ʃɒp ə'sɪstənt]
tuinman (de)	**gardener**	['gɑːdnə(r)]
huisbediende (de)	**servant**	['sɜːvənt]
dienstmeisje (het)	**maid**	[meɪd]
schoonmaakster (de)	**cleaner**	['kliːnə(r)]

88. Militaire beroepen en rangen

soldaat (rang)	**private**	['praɪvɪt]
sergeant (de)	**sergeant**	['sɑːdʒənt]
luitenant (de)	**lieutenant**	[lef'tenənt]
kapitein (de)	**captain**	['kæptɪn]
majoor (de)	**major**	['meɪdʒə(r)]
kolonel (de)	**colonel**	['kɜːnəl]
generaal (de)	**general**	['dʒenərəl]
maarschalk (de)	**marshal**	['mɑːʃəl]
admiraal (de)	**admiral**	['ædmərəl]
militair (de)	**military man**	['mɪlɪtərɪ mæn]
soldaat (de)	**soldier**	['səʊldʒə(r)]
officier (de)	**officer**	['ɒfɪsə(r)]
commandant (de)	**commander**	[kə'mɑːndə(r)]
grenswachter (de)	**border guard**	['bɔːdə gɑːd]

marconist (de)	radio operator	['reɪdɪəʊ 'ɒpəreɪtə(r)]
verkenner (de)	scout	[skaʊt]
sappeur (de)	pioneer	[ˌpaɪə'nɪə(r)]
schutter (de)	marksman	['mɑːksmən]
stuurman (de)	navigator	['nævɪgeɪtə(r)]

89. Ambtenaren. Priesters

koning (de)	king	[kɪŋ]
koningin (de)	queen	[kwiːn]
prins (de)	prince	[prɪns]
prinses (de)	princess	[prɪn'ses]
tsaar (de)	tsar	[zɑː(r)]
tsarina (de)	czarina	[zɑː'riːnə]
president (de)	President	['prezɪdənt]
minister (de)	Minister	['mɪnɪstə(r)]
eerste minister (de)	Prime Minister	[praɪm 'mɪnɪstə(r)]
senator (de)	Senator	['senətə(r)]
diplomaat (de)	diplomat	['dɪpləmæt]
consul (de)	consul	['kɒnsəl]
ambassadeur (de)	ambassador	[æm'bæsədə(r)]
adviseur (de)	adviser	[əd'vaɪzə(r)]
ambtenaar (de)	official	[ə'fɪʃəl]
prefect (de)	prefect	['priːfekt]
burgemeester (de)	mayor	[meə(r)]
rechter (de)	judge	[dʒʌdʒ]
aanklager (de)	prosecutor	['prɒsɪkjuːtə(r)]
missionaris (de)	missionary	['mɪʃənrɪ]
monnik (de)	monk	[mʌŋk]
abt (de)	abbot	['æbət]
rabbi, rabbijn (de)	rabbi	['ræbaɪ]
vizier (de)	vizier	[vɪ'zɪə(r)]
sjah (de)	shah	[ʃɑː]
sjeik (de)	sheikh	[ʃeɪk]

90. Agrarische beroepen

imker (de)	beekeeper	['biːˌkiːpə(r)]
herder (de)	shepherd	['ʃepəd]
landbouwkundige (de)	agronomist	[ə'grɒnəmɪst]
veehouder (de)	cattle breeder	['kætəl 'briːdə(r)]
dierenarts (de)	veterinary surgeon	['vetərɪnrɪ 'sɜːdʒən]
landbouwer (de)	farmer	['fɑːmə(r)]
wijnmaker (de)	winemaker	['waɪn ˌmeɪkə(r)]

zoöloog (de)	zoologist	[zəʊˈɒlədʒɪst]
cowboy (de)	cowboy	[ˈkaʊbɔɪ]

91. Kunst beroepen

acteur (de)	actor	[ˈæktə(r)]
actrice (de)	actress	[ˈæktrɪs]
zanger (de)	singer	[ˈsɪŋə(r)]
zangeres (de)	singer	[ˈsɪŋə(r)]
danser (de)	dancer	[ˈdɑːnsə(r)]
danseres (de)	dancer	[ˈdɑːnsə(r)]
muzikant (de)	musician	[mjuːˈzɪʃən]
pianist (de)	pianist	[ˈpɪənɪst]
gitarist (de)	guitar player	[gɪˈtɑːr ˈpleɪə(r)]
orkestdirigent (de)	conductor	[kənˈdʌktə(r)]
componist (de)	composer	[kəmˈpəʊzə(r)]
impresario (de)	impresario	[ˌɪmprɪˈsɑːrɪəʊ]
filmregisseur (de)	film director	[fɪlm dɪˈrektə(r)]
filmproducent (de)	producer	[prəˈdjuːsə(r)]
scenarioschrijver (de)	scriptwriter	[ˈskrɪptˌraɪtə(r)]
criticus (de)	critic	[ˈkrɪtɪk]
schrijver (de)	writer	[ˈraɪtə(r)]
dichter (de)	poet	[ˈpəʊɪt]
beeldhouwer (de)	sculptor	[ˈskʌlptə(r)]
kunstenaar (de)	artist, painter	[ˈɑːtɪst], [ˈpeɪntə(r)]
jongleur (de)	juggler	[ˈdʒʌglə(r)]
clown (de)	clown	[klaʊn]
acrobaat (de)	acrobat	[ˈækrəbæt]
goochelaar (de)	magician	[məˈdʒɪʃən]

92. Verschillende beroepen

dokter, arts (de)	doctor	[ˈdɒktə(r)]
ziekenzuster (de)	nurse	[nɜːs]
psychiater (de)	psychiatrist	[saɪˈkaɪətrɪst]
tandarts (de)	dentist	[ˈdentɪst]
chirurg (de)	surgeon	[ˈsɜːdʒən]
astronaut (de)	astronaut	[ˈæstrənɔːt]
astronoom (de)	astronomer	[əˈstrɒnəmə(r)]
piloot (de)	pilot	[ˈpaɪlət]
chauffeur (de)	driver	[ˈdraɪvə(r)]
machinist (de)	train driver	[treɪn ˈdraɪvə(r)]
mecanicien (de)	mechanic	[mɪˈkænɪk]

mijnwerker (de)	miner	['maɪnə(r)]
arbeider (de)	worker	['wɜːkə(r)]
bankwerker (de)	metalworker	['metəl‚wɜːkə(r)]
houtbewerker (de)	joiner	['dʒɔɪnə(r)]
draaier (de)	turner	['tɜːnə(r)]
bouwvakker (de)	building worker	['bɪldɪŋ ‚wɜːkə(r)]
lasser (de)	welder	[weldə(r)]
professor (de)	professor	[prə'fesə(r)]
architect (de)	architect	['ɑːkɪtekt]
historicus (de)	historian	[hɪ'stɔːrɪən]
wetenschapper (de)	scientist	['saɪəntɪst]
fysicus (de)	physicist	['fɪzɪsɪst]
scheikundige (de)	chemist	['kemɪst]
archeoloog (de)	archaeologist	[‚ɑːkɪ'ɒlədʒɪst]
geoloog (de)	geologist	[dʒɪ'ɒlədʒɪst]
onderzoeker (de)	researcher	[rɪ'sɜːtʃə(r)]
babysitter (de)	babysitter	[‚beɪbɪ 'sɪtə(r)]
leraar, pedagoog (de)	teacher, educator	['tiːtʃə(r)], ['edʒʊkeɪtə(r)]
redacteur (de)	editor	['edɪtə(r)]
chef-redacteur (de)	editor-in-chief	['edɪtər ɪn tʃiːf]
correspondent (de)	correspondent	[‚kɒrɪ'spɒndənt]
typiste (de)	typist	['taɪpɪst]
designer (de)	designer	[dɪ'zaɪnə(r)]
computerexpert (de)	computer expert	[kəm'pjuːtər 'eksp3ːt]
programmeur (de)	programmer	['prəʊgræmə(r)]
ingenieur (de)	engineer	[‚endʒɪ'nɪə(r)]
matroos (de)	sailor	['seɪlə(r)]
zeeman (de)	seaman	['siːmən]
redder (de)	rescuer	['reskjʊə(r)]
brandweerman (de)	firefighter	['faɪəfaɪtə]
politieagent (de)	policeman	[pə'liːsmən]
nachtwaker (de)	watchman	['wɒtʃmən]
detective (de)	detective	[dɪ'tektɪv]
douanier (de)	customs officer	['kʌstəmz 'ɒfɪsə(r)]
lijfwacht (de)	bodyguard	['bɒdɪgɑːd]
gevangenisbewaker (de)	prison officer	['prɪzən 'ɒfɪsə(r)]
inspecteur (de)	inspector	[ɪn'spektə(r)]
sportman (de)	sportsman	['spɔːtsmən]
trainer (de)	trainer, coach	['treɪnə(r)], [kəʊtʃ]
slager, beenhouwer (de)	butcher	['bʊtʃə(r)]
schoenlapper (de)	cobbler	['kɒblə(r)]
handelaar (de)	merchant	['mɜːtʃənt]
lader (de)	loader	['ləʊdə(r)]
kledingstilist (de)	fashion designer	['fæʃən dɪ'zaɪnə(r)]
model (het)	model	['mɒdəl]

93. Beroepen. Sociale status

scholier (de)	schoolboy	['skuːlbɔɪ]
student (de)	student	['stjuːdənt]
filosoof (de)	philosopher	[fɪ'lɒsəfə(r)]
econoom (de)	economist	[ɪ'kɒnəmɪst]
uitvinder (de)	inventor	[ɪn'ventə(r)]
werkloze (de)	unemployed	[ˌʌnɪm'plɔɪd]
gepensioneerde (de)	pensioner	['penʃənə(r)]
spion (de)	spy, secret agent	[spaɪ], ['siːkrɪt 'eɪdʒənt]
gedetineerde (de)	prisoner	['prɪzənə(r)]
staker (de)	striker	['straɪkə(r)]
bureaucraat (de)	bureaucrat	['bjʊərəkræt]
reiziger (de)	traveller	['trævələ(r)]
homoseksueel (de)	homosexual	[ˌhɒmə'sekʃʊəl]
hacker (computerkraker)	hacker	['hækə(r)]
hippie (de)	hippie	['hɪpɪ]
bandiet (de)	bandit	['bændɪt]
huurmoordenaar (de)	hit man, killer	[hɪt mæn], ['kɪlə(r)]
drugsverslaafde (de)	drug addict	['drʌgˌædɪkt]
drugshandelaar (de)	drug dealer	['drʌg ˌdiːlə(r)]
prostituee (de)	prostitute	['prɒstɪtjuːt]
pooier (de)	pimp	[pɪmp]
tovenaar (de)	sorcerer	['sɔːsərə(r)]
tovenares (de)	sorceress	['sɔːsərɪs]
piraat (de)	pirate	['paɪrət]
slaaf (de)	slave	[sleɪv]
samoerai (de)	samurai	['sæmʊraɪ]
wilde (de)	savage	['sævɪdʒ]

Onderwijs

94. School

school (de)	school	[skuːl]
schooldirecteur (de)	headmaster	[ˌhedˈmɑːstə(r)]
leerling (de)	pupil	[ˈpjuːpəl]
leerlinge (de)	pupil	[ˈpjuːpəl]
scholier (de)	schoolboy	[ˈskuːlbɔɪ]
scholiere (de)	schoolgirl	[ˈskuːlɡɜːl]
leren (lesgeven)	to teach (vt)	[tə tiːtʃ]
studeren (bijv. een taal ~)	to learn (vt)	[tə lɜːn]
van buiten leren	to learn by heart	[tə lɜːn baɪ hɑːt]
leren (bijv. ~ tellen)	to learn (vt)	[tə lɜːn]
naar school gaan	to go to school	[tə ɡəʊ tə skuːl]
alfabet (het)	alphabet	[ˈælfəbet]
vak (schoolvak)	subject	[ˈsʌbdʒɪkt]
klaslokaal (het)	classroom	[ˈklɑːsrʊm]
les (de)	lesson	[ˈlesən]
pauze (de)	playtime, break	[ˈpleɪtaɪm], [breɪk]
bel (de)	school bell	[skuːl bel]
schooltafel (de)	desk	[desk]
schoolbord (het)	blackboard	[ˈblækˌbɔːd]
cijfer (het)	mark	[mɑːk]
goed cijfer (het)	good mark	[ɡʊd mɑːk]
slecht cijfer (het)	bad mark	[bæd mɑːk]
een cijfer geven	to give a mark	[tə ɡɪv ə mɑːk]
fout (de)	mistake	[mɪˈsteɪk]
fouten maken	to make mistakes	[tə meɪk mɪˈsteɪks]
corrigeren (fouten ~)	to correct (vt)	[tə kəˈrekt]
spiekbriefje (het)	crib	[krɪb]
huiswerk (het)	homework	[ˈhəʊmwɜːk]
oefening (de)	exercise	[ˈeksəsaɪz]
aanwezig zijn (ww)	to be present	[tə bi ˈprezənt]
absent zijn (ww)	to be absent	[tə bi ˈæbsənt]
school verzuimen	to miss school	[tə mɪs skuːl]
bestraffen (een stout kind ~)	to punish (vt)	[tə ˈpʌnɪʃ]
bestraffing (de)	punishment	[ˈpʌnɪʃmənt]
gedrag (het)	conduct	[ˈkɒndʌkt]
cijferlijst (de)	school report	[skuːl rɪˈpɔːt]

potlood (het)	pencil	['pensəl]
gom (de)	rubber	['rʌbə(r)]
krijt (het)	chalk	[tʃɔːk]
pennendoos (de)	pencil case	['pensəl keɪs]
boekentas (de)	schoolbag	['skuːlbæg]
pen (de)	pen	[pen]
schrift (de)	exercise book	['eksəsaɪz bʊk]
leerboek (het)	textbook	['tekstbʊk]
passer (de)	compasses	['kʌmpəsɪz]
technisch tekenen (ww)	to make technical drawings	[tə meɪk 'teknɪkəl 'drɔːɪŋs]
technische tekening (de)	technical drawing	['teknɪkəl 'drɔːɪŋ]
gedicht (het)	poem	['pəʊɪm]
van buiten (bw)	by heart	[baɪ hɑːt]
van buiten leren	to learn by heart	[tə lɜːn baɪ hɑːt]
vakantie (de)	school holidays	[skuːl 'hɒlɪdeɪz]
met vakantie zijn	to be on holiday	[tə biː ɒn 'hɒlɪdeɪ]
vakantie doorbrengen	to spend holidays	[tə spend 'hɒlɪdeɪz]
toets (schriftelijke ~)	test	[test]
opstel (het)	essay	['eseɪ]
dictee (het)	dictation	[dɪk'teɪʃən]
examen (het)	exam	[ɪg'zæm]
examen afleggen	to take an exam	[tə ˌteɪk ən ɪg'zæm]
experiment (het)	experiment	[ɪk'sperɪmənt]

95. Hogeschool. Universiteit

academie (de)	academy	[ə'kædəmɪ]
universiteit (de)	university	[ˌjuːnɪ'vɜːsətɪ]
faculteit (de)	faculty	['fækəltɪ]
student (de)	student	['stjuːdənt]
studente (de)	student	['stjuːdənt]
leraar (de)	lecturer	['lektʃərə(r)]
collegezaal (de)	lecture hall	['lektʃə hɔːl]
afgestudeerde (de)	graduate	['grædʒʊət]
diploma (het)	diploma	[dɪ'pləʊmə]
dissertatie (de)	dissertation	[ˌdɪsə'teɪʃən]
onderzoek (het)	study	['stʌdɪ]
laboratorium (het)	laboratory	[lə'bɒrətrɪ]
college (het)	lecture	['lektʃə(r)]
medestudent (de)	course mate	[kɔːs meɪt]
studiebeurs (de)	scholarship	['skɒləʃɪp]
academische graad (de)	academic degree	[ˌækə'demɪk dɪ'griː]

96. Wetenschappen. Disciplines

wiskunde (de)	mathematics	[ˌmæθəˈmætɪks]
algebra (de)	algebra	[ˈældʒɪbrə]
meetkunde (de)	geometry	[dʒɪˈɒmətrɪ]
astronomie (de)	astronomy	[əˈstrɒnəmɪ]
biologie (de)	biology	[baɪˈɒlədʒɪ]
geografie (de)	geography	[dʒɪˈɒgrəfɪ]
geologie (de)	geology	[dʒɪˈɒlədʒɪ]
geschiedenis (de)	history	[ˈhɪstərɪ]
geneeskunde (de)	medicine	[ˈmedsɪn]
pedagogiek (de)	pedagogy	[ˈpedəgɒdʒɪ]
rechten (mv.)	law	[lɔː]
fysica, natuurkunde (de)	physics	[ˈfɪzɪks]
scheikunde (de)	chemistry	[ˈkemɪstrɪ]
filosofie (de)	philosophy	[fɪˈlɒsəfɪ]
psychologie (de)	psychology	[saɪˈkɒlədʒɪ]

97. Schrift. Spelling

grammatica (de)	grammar	[ˈgræmə(r)]
vocabulaire (het)	vocabulary	[vəˈkæbjʊlərɪ]
fonetiek (de)	phonetics	[fəˈnetɪks]
zelfstandig naamwoord (het)	noun	[naʊn]
bijvoeglijk naamwoord (het)	adjective	[ˈædʒɪktɪv]
werkwoord (het)	verb	[vɜːb]
bijwoord (het)	adverb	[ˈædvɜːb]
voornaamwoord (het)	pronoun	[ˈprəʊnaʊn]
tussenwerpsel (het)	interjection	[ˌɪntəˈdʒekʃən]
voorzetsel (het)	preposition	[ˌprepəˈzɪʃən]
stam (de)	root	[ruːt]
achtervoegsel (het)	ending	[ˈendɪŋ]
voorvoegsel (het)	prefix	[ˈpriːfɪks]
lettergreep (de)	syllable	[ˈsɪləbəl]
achtervoegsel (het)	suffix	[ˈsʌfɪks]
nadruk (de)	stress mark	[ˈstres ˌmɑːk]
afkappingsteken (het)	apostrophe	[əˈpɒstrəfɪ]
punt (de)	full stop	[fʊl stɒp]
komma (de/het)	comma	[ˈkɒmə]
puntkomma (de)	semicolon	[ˌsemɪˈkəʊlən]
dubbelpunt (de)	colon	[ˈkəʊlən]
beletselteken (het)	ellipsis	[ɪˈlɪpsɪs]
vraagteken (het)	question mark	[ˈkwestʃən mɑːk]
uitroepteken (het)	exclamation mark	[ˌekskləˈmeɪʃən mɑːk]

aanhalingstekens (mv.)	inverted commas	[ɪn'vɜːtɪd 'kɒməs]
tussen aanhalingstekens (bw)	in inverted commas	[ɪn ɪn'vɜːtɪd 'kɒməs]
haakjes (mv.)	parenthesis	[pə'renθɪsɪs]
tussen haakjes (bw)	in parenthesis	[ɪn pə'renθɪsɪs]
streepje (het)	hyphen	['haɪfən]
gedachtestreepje (het)	dash	[dæʃ]
spatie (~ tussen twee woorden)	space	[speɪs]
letter (de)	letter	['letə(r)]
hoofdletter (de)	capital letter	['kæpɪtəl 'letə(r)]
klinker (de)	vowel	['vaʊəl]
medeklinker (de)	consonant	['kɒnsənənt]
zin (de)	sentence	['sentəns]
onderwerp (het)	subject	['sʌbdʒɪkt]
gezegde (het)	predicate	['predɪkət]
regel (in een tekst)	line	[laɪn]
op een nieuwe regel (bw)	on a new line	[ɒn ə njuː laɪn]
alinea (de)	paragraph	['pærəgrɑːf]
woord (het)	word	[wɜːd]
woordgroep (de)	group of words	[gruːp əf wɜːdz]
uitdrukking (de)	expression	[ɪk'spreʃən]
synoniem (het)	synonym	['sɪnənɪm]
antoniem (het)	antonym	['æntənɪm]
regel (de)	rule	[ruːl]
uitzondering (de)	exception	[ɪk'sepʃən]
correct (bijv. ~e spelling)	correct	[kə'rekt]
vervoeging, conjugatie (de)	conjugation	[ˌkɒndʒʊ'geɪʃən]
naamval (de)	nominal case	['nɒmɪnəl keɪs]
vraag (de)	question	['kwestʃən]
onderstrepen (ww)	to underline (vt)	[tə ˌʌndə'laɪn]
stippellijn (de)	dotted line	['dɒtɪd laɪn]

98. Vreemde talen

taal (de)	language	['læŋgwɪdʒ]
vreemd (bn)	foreign	['fɒrən]
leren (bijv. van buiten ~)	to study (vt)	[tə 'stʌdɪ]
studeren (Nederlands ~)	to learn (vt)	[tə lɜːn]
lezen (ww)	to read (vi, vt)	[tə riːd]
spreken (ww)	to speak (vi, vt)	[tə spiːk]
begrijpen (ww)	to understand (vt)	[tə ˌʌndə'stænd]
schrijven (ww)	to write (vt)	[tə raɪt]
snel (bw)	quickly, fast	['kwɪklɪ], [fɑːst]
langzaam (bw)	slowly	['sləʊlɪ]

vloeiend (bw)	fluently	['fluːəntlɪ]
regels (mv.)	rules	[ruːlz]
grammatica (de)	grammar	['græmə(r)]
vocabulaire (het)	vocabulary	[və'kæbjʊlərɪ]
fonetiek (de)	phonetics	[fə'netɪks]

leerboek (het)	textbook	['tekstbʊk]
woordenboek (het)	dictionary	['dɪkʃənərɪ]
leerboek (het) voor zelfstudie	teach-yourself book	[tiːtʃ jɔː'self bʊk]
taalgids (de)	phrasebook	['freɪzbʊk]

cassette (de)	cassette	[kæ'set]
videocassette (de)	videotape	['vɪdɪəʊteɪp]
CD (de)	CD, compact disc	[ˌsiː'diː], [kəm'pækt dɪsk]
DVD (de)	DVD	[ˌdiːviː'diː]

alfabet (het)	alphabet	['ælfəbet]
spellen (ww)	to spell (vt)	[tə spel]
uitspraak (de)	pronunciation	[prəˌnʌnsɪ'eɪʃən]

accent (het)	accent	['æksent]
met een accent (bw)	with an accent	[wɪð ən 'æksent]
zonder accent (bw)	without an accent	[wɪ'ðaʊt ən 'æksent]

| woord (het) | word | [wɜːd] |
| betekenis (de) | meaning | ['miːnɪŋ] |

cursus (de)	course	[kɔːs]
zich inschrijven (ww)	to sign up (vi)	[tə saɪn ʌp]
leraar (de)	teacher	['tiːtʃə(r)]

vertaling (tekst)	translation	[trænsˈleɪʃən]
vertaler (de)	translator	[trænsˈleɪtə(r)]
tolk (de)	interpreter	[ɪnˈtɜːprɪtə(r)]

| polyglot (de) | polyglot | ['pɒlɪglɒt] |
| geheugen (het) | memory | ['memərɪ] |

Rusten. Entertainment. Reizen

99. Trip. Reizen

toerisme (het)	tourism	['tʊərɪzəm]
toerist (de)	tourist	['tʊərɪst]
reis (de)	trip	[trɪp]
avontuur (het)	adventure	[əd'ventʃə(r)]
tocht (de)	trip, journey	[trɪp], ['dʒɜːnɪ]
vakantie (de)	holiday	['hɒlɪdeɪ]
met vakantie zijn	to be on holidays	[tə bi ɒn 'hɒlɪdeɪz]
rust (de)	rest	[rest]
trein (de)	train	[treɪn]
met de trein	by train	[baɪ treɪn]
vliegtuig (het)	aeroplane	['eərəpleɪn]
met het vliegtuig	by aeroplane	[baɪ 'eərəpleɪn]
met de auto	by car	[baɪ kɑː(r)]
per schip (bw)	by ship	[baɪ ʃɪp]
bagage (de)	luggage	['lʌgɪdʒ]
valies (de)	suitcase, luggage	['suːtkeɪs], ['lʌgɪdʒ]
bagagekarretje (het)	luggage trolley	['lʌgɪdʒ 'trɒlɪ]
paspoort (het)	passport	['pɑːspɔːt]
visum (het)	visa	['viːzə]
kaartje (het)	ticket	['tɪkɪt]
vliegticket (het)	air ticket	['eə 'tɪkɪt]
reisgids (de)	guidebook	['gaɪdbʊk]
kaart (de)	map	[mæp]
gebied (landelijk ~)	area	['eərɪə]
plaats (de)	place, site	[pleɪs], [saɪt]
exotische bestemming (de)	exotic	[ɪg'zɒtɪk]
exotisch (bn)	exotic	[ɪg'zɒtɪk]
verwonderlijk (bn)	amazing	[ə'meɪzɪŋ]
groep (de)	group	[gruːp]
rondleiding (de)	excursion	[ɪk'skɜːʃən]
gids (de)	guide	[gaɪd]

100. Hotel

motel (het)	motel	[məʊ'tel]
3-sterren	three-star	[θriː stɑː(r)]
5-sterren	five-star	[ˌfaɪv 'stɑː(r)]

overnachten (ww)	to stay (vi)	[tə steɪ]
kamer (de)	room	[ruːm]
eenpersoonskamer (de)	single room	[ˈsɪŋgəl ruːm]
tweepersoonskamer (de)	double room	[ˈdʌbəl ruːm]
een kamer reserveren	to book a room	[tə bʊk ə ruːm]
halfpension (het)	half board	[hɑːf bɔːd]
volpension (het)	full board	[fʊl bɔːd]
met badkamer	with bath	[wɪð bɑːθ]
met douche	with shower	[wɪð ˈʃaʊə(r)]
satelliet-tv (de)	satellite television	[ˈsætəlaɪt ˈtelɪˌvɪʒən]
airconditioner (de)	air-conditioner	[eə kənˈdɪʃənə]
handdoek (de)	towel	[ˈtaʊəl]
sleutel (de)	key	[kiː]
administrateur (de)	administrator	[ədˈmɪnɪstreɪtə(r)]
kamermeisje (het)	chambermaid	[ˈtʃeɪmbəˌmeɪd]
piccolo (de)	porter, bellboy	[ˈpɔːtə(r)], [ˈbelbɔɪ]
portier (de)	doorman	[ˈdɔːmən]
restaurant (het)	restaurant	[ˈrestrɒnt]
bar (de)	pub	[pʌb]
ontbijt (het)	breakfast	[ˈbrekfəst]
avondeten (het)	dinner	[ˈdɪnə(r)]
buffet (het)	buffet	[ˈbʊfeɪ]
lift (de)	**lift**	[lɪft]
NIET STOREN	**DO NOT DISTURB**	[du nɒt dɪˈstɜːb]
VERBODEN TE ROKEN!	**NO SMOKING**	[nəʊ ˈsməʊkɪŋ]

TECHNISCHE APPARATUUR. VERVOER

Technische apparatuur

101. Computer

computer (de)	computer	[kəm'pju:tə(r)]
laptop (de)	notebook, laptop	['nəʊtbʊk], ['læptɒp]
aanzetten (ww)	to switch on (vt)	[tə swɪtʃ ɒn]
uitzetten (ww)	to turn off (vt)	[tə tɜ:n ɒf]
toetsenbord (het)	keyboard	['ki:bɔ:d]
toets (enter~)	key	[ki:]
muis (de)	mouse	[maʊs]
muismat (de)	mouse mat	['maʊs mæt]
knopje (het)	button	['bʌtən]
cursor (de)	cursor	['kɜ:sə(r)]
monitor (de)	monitor	['mɒnɪtə(r)]
scherm (het)	screen	[skri:n]
harde schijf (de)	hard disk	[hɑ:d dɪsk]
volume (het) van de harde schijf	hard disk volume	[hɑ:d dɪsk 'vɒlju:m]
geheugen (het)	memory	['memərɪ]
RAM-geheugen (het)	random access memory	['rændəm 'ækses 'memərɪ]
bestand (het)	file	[faɪl]
folder (de)	folder	['fəʊldə(r)]
openen (ww)	to open (vt)	[tə 'əʊpən]
sluiten (ww)	to close (vt)	[tə kləʊz]
opslaan (ww)	to save (vt)	[tə seɪv]
verwijderen (wissen)	to delete (vt)	[tə dɪ'li:t]
kopiëren (ww)	to copy (vt)	[tə 'kɒpɪ]
sorteren (ww)	to sort (vt)	[tə sɔ:t]
programma (het)	programme	['prəʊgræm]
software (de)	software	['sɒftweə(r)]
programmeur (de)	programmer	['prəʊgræmə(r)]
programmeren (ww)	to program (vt)	[tə 'prəʊgræm]
hacker (computerkraker)	hacker	['hækə(r)]
wachtwoord (het)	password	['pɑ:swɜ:d]
virus (het)	virus	['vaɪrəs]
ontdekken (virus ~)	to find, to detect	[tə faɪnd], [tə dɪ'tekt]
byte (de)	byte	[baɪt]

megabyte (de)	megabyte	['megəbaɪt]
data (de)	data	['deɪtə]
databank (de)	database	['deɪtəbeɪs]
kabel (USB-~, enz.)	cable	['keɪbəl]
afsluiten (ww)	to disconnect (vt)	[tə ˌdɪskə'nekt]
aansluiten op (ww)	to connect (vt)	[tə kə'nekt]

102. Internet. E-mail

internet (het)	Internet	['ɪntənet]
browser (de)	browser	['braʊzə(r)]
zoekmachine (de)	search engine	[sɜːtʃ 'endʒɪn]
internetprovider (de)	provider	[prə'vaɪdə(r)]
webmaster (de)	web master	[web 'mɑːstə(r)]
website (de)	website	['websaɪt]
webpagina (de)	web page	[web peɪdʒ]
adres (het)	address	[ə'dres]
adresboek (het)	address book	[ə'dres bʊk]
postvak (het)	postbox	['pəʊstbɒks]
post (de)	post	[pəʊst]
vol (~ postvak)	full	[fʊl]
bericht (het)	message	['mesɪdʒ]
binnenkomende berichten (mv.)	incoming messages	['ɪnˌkʌmɪŋ 'mesɪdʒɪz]
uitgaande berichten (mv.)	outgoing messages	['aʊtˌgəʊɪŋ 'mesɪdʒɪz]
verzender (de)	sender	['sendə(r)]
verzenden (ww)	to send (vt)	[tə send]
verzending (de)	sending	['sendɪŋ]
ontvanger (de)	receiver	[rɪ'siːvə(r)]
ontvangen (ww)	to receive (vt)	[tə rɪ'siːv]
correspondentie (de)	correspondence	[ˌkɒrɪ'spɒndəns]
corresponderen (met …)	to correspond (vi)	[tə ˌkɒrɪ'spɒnd]
bestand (het)	file	[faɪl]
downloaden (ww)	to download (vt)	[tə 'daʊnləʊd]
creëren (ww)	to create (vt)	[tə kriː'eɪt]
verwijderen (een bestand ~)	to delete (vt)	[tə dɪ'liːt]
verwijderd (bn)	deleted	[dɪ'liːtɪd]
verbinding (de)	connection	[kə'nekʃən]
snelheid (de)	speed	[spiːd]
modem (de)	modem	['məʊdem]
toegang (de)	access	['ækses]
poort (de)	port	[pɔːt]
aansluiting (de)	connection	[kə'nekʃən]
zich aansluiten (ww)	to connect to …	[tə kə'nekt tə]

selecteren (ww)	to select (vt)	[tə sɪ'lekt]
zoeken (ww)	to search for ...	[tə sɜːtʃ fɔː(r)]

103. Elektriciteit

elektriciteit (de)	electricity	[ˌɪlek'trɪsətɪ]
elektrisch (bn)	electrical	[ɪ'lektrɪkəl]
elektriciteitscentrale (de)	electric power station	[ɪ'lektrɪk 'paʊə 'steɪʃən]
energie (de)	energy	['enədʒɪ]
elektrisch vermogen (het)	electric power	[ɪ'lektrɪk 'paʊə]
lamp (de)	light bulb	['laɪt ˌbʌlb]
zaklamp (de)	torch	[tɔːtʃ]
straatlantaarn (de)	street light	['striːt laɪt]
licht (elektriciteit)	light	[laɪt]
aandoen (ww)	to turn on (vt)	[tə tɜːn ɒn]
uitdoen (ww)	to turn off (vt)	[tə tɜːn ɒf]
het licht uitdoen	to turn off the light	[tə tɜːn ɒf ðə laɪt]
doorbranden (gloeilamp)	to burn out (vi)	[tə bɜːn aʊt]
kortsluiting (de)	short circuit	[ʃɔːt 'sɜːkɪt]
onderbreking (de)	broken wire	['brəʊkən 'waɪə]
contact (het)	contact	['kɒntækt]
schakelaar (de)	switch	[swɪtʃ]
stopcontact (het)	socket outlet	['sɒkɪt 'aʊtlet]
stekker (de)	plug	[plʌg]
verlengsnoer (de)	extension lead	[ɪk'stenʃən led]
zekering (de)	fuse	[fjuːz]
kabel (de)	cable, wire	['keɪbəl], ['waɪə]
bedrading (de)	wiring	['waɪərɪŋ]
ampère (de)	ampere	['æmpeə(r)]
stroomsterkte (de)	amperage	['æmpərɪdʒ]
volt (de)	volt	[vəʊlt]
spanning (de)	voltage	['vəʊltɪdʒ]
elektrisch toestel (het)	electrical device	[ɪ'lektrɪkəl dɪ'vaɪs]
indicator (de)	indicator	['ɪndɪkeɪtə(r)]
electricien (de)	electrician	[ˌɪlek'trɪʃən]
solderen (ww)	to solder (vt)	[tə 'səʊldə]
soldeerbout (de)	soldering iron	['səʊldərɪŋ 'aɪərən]
stroom (de)	current	['kʌrənt]

104. Gereedschappen

werktuig (stuk gereedschap)	tool, instrument	[tuːl], ['ɪnstrʊmənt]
gereedschap (het)	tools	[tuːlz]
uitrusting (de)	equipment	[ɪ'kwɪpmənt]

hamer (de)	hammer	['hæmə(r)]
schroevendraaier (de)	screwdriver	['skru:ˌdraɪvə(r)]
bijl (de)	axe	[æks]
zaag (de)	saw	[sɔ:]
zagen (ww)	to saw (vt)	[tə sɔ:]
schaaf (de)	plane	[pleɪn]
schaven (ww)	to plane (vt)	[tə pleɪn]
soldeerbout (de)	soldering iron	['səʊldərɪŋ 'aɪrən]
solderen (ww)	to solder (vt)	[tə 'səʊldə]
vijl (de)	file	[faɪl]
nijptang (de)	carpenter pincers	['kɑ:pəntə 'pɪnsəz]
combinatietang (de)	combination pliers	[ˌkɒmbɪ'neɪʃən 'plaɪəz]
beitel (de)	chisel	['tʃɪzəl]
boorkop (de)	drill bit	[drɪl bɪt]
boormachine (de)	electric drill	[ɪ'lektrɪk drɪl]
boren (ww)	to drill (vi, vt)	[tə drɪl]
mes (het)	knife	[naɪf]
zakmes (het)	pocket knife	['pɒkɪt ˌnaɪf]
knip- (abn)	folding	['fəʊldɪŋ]
lemmet (het)	blade	[bleɪd]
scherp (bijv. ~ mes)	sharp	[ʃɑ:p]
bot (bn)	blunt	[blʌnt]
bot raken (ww)	to get blunt	[tə get blʌnt]
slijpen (een mes ~)	to sharpen (vt)	[tə 'ʃɑ:pən]
bout (de)	bolt	[bəʊlt]
moer (de)	nut	[nʌt]
schroefdraad (de)	thread	[θred]
houtschroef (de)	wood screw	[wʊd skru:]
nagel (de)	nail	[neɪl]
kop (de)	nailhead	['neɪlhed]
liniaal (de/het)	ruler	['ru:lə(r)]
rolmeter (de)	tape measure	[teɪp 'meʒə(r)]
waterpas (de/het)	spirit level	['spɪrɪt 'levəl]
loep (de)	magnifying glass	['mægnɪfaɪɪŋ glɑ:s]
meetinstrument (het)	measuring instrument	['meʒərɪŋ 'ɪnstrʊmənt]
opmeten (ww)	to measure (vt)	[tə 'meʒə(r)]
schaal (meetschaal)	scale	[skeɪl]
gegevens (mv.)	readings	['ri:dɪŋz]
compressor (de)	compressor	[kəm'presə]
microscoop (de)	microscope	['maɪkrəskəʊp]
pomp (de)	pump	[pʌmp]
robot (de)	robot	['rəʊbɒt]
laser (de)	laser	['leɪzə(r)]
moersleutel (de)	spanner	['spænə(r)]
plakband (de)	adhesive tape	[əd'hi:sɪv teɪp]

lijm (de)	**glue**	[glu:]
schuurpapier (het)	**emery paper**	[ˈemərɪ ˈpeɪpə]
veer (de)	**spring**	[sprɪŋ]
magneet (de)	**magnet**	[ˈmægnɪt]
handschoenen (mv.)	**gloves**	[glʌvz]

touw (bijv. henneptouw)	**rope**	[ˈrəʊp]
snoer (het)	**cord**	[kɔːd]
draad (de)	**wire**	[ˈwaɪə(r)]
kabel (de)	**cable**	[ˈkeɪbəl]

moker (de)	**sledgehammer**	[ˈsledʒˌhæmə(r)]
breekijzer (het)	**crowbar**	[ˈkrəʊbɑː(r)]
ladder (de)	**ladder**	[ˈlædə]
trapje (inklapbaar ~)	**stepladder**	[ˈstepˌlædə(r)]

aanschroeven (ww)	**to screw** (vt)	[tə skruː]
losschroeven (ww)	**to unscrew** (vt)	[tə ˌʌnˈskruː]
dichtpersen (ww)	**to tighten** (vt)	[tə ˈtaɪtən]
vastlijmen (ww)	**to glue, to stick**	[tə gluː], [tə stɪk]
snijden (ww)	**to cut** (vt)	[tə kʌt]

defect (het)	**malfunction**	[ˌmælˈfʌŋkʃən]
reparatie (de)	**repair**	[rɪˈpeə(r)]
repareren (ww)	**to repair** (vt)	[tə rɪˈpeə(r)]
regelen (een machine ~)	**to adjust** (vt)	[tə əˈdʒʌst]

nakijken (ww)	**to check** (vt)	[tə tʃek]
controle (de)	**checking**	[ˈtʃekɪŋ]
gegevens (mv.)	**readings**	[ˈriːdɪŋz]

degelijk (bijv. ~ machine)	**reliable**	[rɪˈlaɪəbəl]
ingewikkeld (bn)	**complicated**	[ˈkɒmplɪkeɪtɪd]

roesten (ww)	**to rust** (vi)	[tə rʌst]
roestig (bn)	**rusty**	[ˈrʌstɪ]
roest (de/het)	**rust**	[rʌst]

Vervoer

105. Vliegtuig

vliegtuig (het)	aeroplane	['eərəpleɪn]
vliegticket (het)	air ticket	['eə 'tɪkɪt]
luchtvaartmaatschappij (de)	airline	['eəlaɪn]
luchthaven (de)	airport	['eəpɔ:t]
supersonisch (bn)	supersonic	[ˌsu:pə'sɒnɪk]
gezagvoerder (de)	captain	['kæptɪn]
bemanning (de)	crew	[kru:]
piloot (de)	pilot	['paɪlət]
stewardess (de)	stewardess	['stjʊədɪs]
stuurman (de)	navigator	['nævɪgeɪtə(r)]
vleugels (mv.)	wings	[wɪŋz]
staart (de)	tail	[teɪl]
cabine (de)	cockpit	['kɒkpɪt]
motor (de)	engine	['endʒɪn]
landingsgestel (het)	undercarriage	['ʌndəˌkærɪdʒ]
turbine (de)	turbine	['tɜ:baɪn]
propeller (de)	propeller	[prə'pelə(r)]
zwarte doos (de)	black box	[blæk bɒks]
stuur (het)	control column	[kən'trəʊl 'kɒləm]
brandstof (de)	fuel	[fjʊəl]
veiligheidskaart (de)	safety card	['seɪftɪ kɑ:d]
zuurstofmasker (het)	oxygen mask	['ɒksɪdʒən mɑ:sk]
uniform (het)	uniform	['ju:nɪfɔ:m]
reddingsvest (de)	lifejacket	[laɪf 'dʒækɪt]
parachute (de)	parachute	['pærəʃu:t]
opstijgen (het)	takeoff	[teɪkɒf]
opstijgen (ww)	to take off (vi)	[tə teɪk ɒf]
startbaan (de)	runway	['rʌnˌweɪ]
zicht (het)	visibility	[ˌvɪzɪ'bɪlɪtɪ]
vlucht (de)	flight	[flaɪt]
hoogte (de)	altitude	['æltɪtju:d]
luchtzak (de)	air pocket	[eə 'pɒkɪt]
plaats (de)	seat	[si:t]
koptelefoon (de)	headphones	['hedfəʊnz]
tafeltje (het)	folding tray	['fəʊldɪŋ treɪ]
venster (het)	window	['wɪndəʊ]
gangpad (het)	aisle	[aɪl]

106. Trein

trein (de)	train	[treɪn]
elektrische trein (de)	suburban train	[sə'bɜːbən treɪn]
sneltrein (de)	express train	[ɪk'spres treɪn]
diesellocomotief (de)	diesel locomotive	['diːzəl ˌləʊkə'məʊtɪv]
locomotief (de)	steam engine	[stiːm 'endʒɪn]
rijtuig (het)	coach, carriage	[kəʊtʃ], ['kærɪdʒ]
restauratierijtuig (het)	restaurant car	['restrɒnt kɑː]
rails (mv.)	rails	[reɪlz]
spoorweg (de)	railway	['reɪlweɪ]
dwarsligger (de)	sleeper	['sliːpə(r)]
perron (het)	platform	['plætfɔːm]
spoor (het)	platform	['plætfɔːm]
semafoor (de)	semaphore	['seməfɔː(r)]
halte (bijv. kleine treinhalte)	station	['steɪʃən]
machinist (de)	train driver	[treɪn 'draɪvə(r)]
kruier (de)	porter	['pɔːtə(r)]
conducteur (de)	train steward	['treɪn 'stjʊəd]
passagier (de)	passenger	['pæsɪndʒə(r)]
controleur (de)	ticket inspector	['tɪkɪt ɪn'spektə]
gang (in een trein)	corridor	['kɒrɪˌdɔː(r)]
noodrem (de)	emergency break	[ɪ'mɜːdʒənsɪ breɪk]
coupé (de)	compartment	[kəm'pɑːtmənt]
bed (slaapplaats)	berth	[bɜːθ]
bovenste bed (het)	upper berth	['ʌpə bɜːθ]
onderste bed (het)	lower berth	['ləʊə 'bɜːθ]
beddengoed (het)	bed linen	[bed 'lɪnɪn]
kaartje (het)	ticket	['tɪkɪt]
dienstregeling (de)	timetable	['taɪmˌteɪbəl]
informatiebord (het)	information display	[ˌɪnfə'meɪʃən dɪ'spleɪ]
vertrekken (De trein vertrekt ...)	to leave, to depart	[tə liːv], [tə dɪ'pɑːt]
vertrek (ov. een trein)	departure	[dɪ'pɑːtʃə(r)]
aankomen (ov. de treinen)	to arrive (vi)	[tə ə'raɪv]
aankomst (de)	arrival	[ə'raɪvəl]
aankomen per trein	to arrive by train	[tə ə'raɪv baɪ treɪn]
in de trein stappen	to get on the train	[tə ˌget ɒn ðə 'treɪn]
uit de trein stappen	to get off the train	[tə ˌget əv ðə 'treɪn]
treinwrak (het)	train crash	[treɪn kræʃ]
ontspoord zijn	to be derailed	[tə bi dɪ'reɪld]
locomotief (de)	steam engine	[stiːm 'endʒɪn]
stoker (de)	stoker, fireman	['stəʊkə], ['faɪəmən]
stookplaats (de)	firebox	['faɪəbɒks]
steenkool (de)	coal	[kəʊl]

107. Schip

schip (het)	ship	[ʃɪp]
vaartuig (het)	vessel	['vesəl]
stoomboot (de)	steamship	['stiːmʃɪp]
motorschip (het)	riverboat	['rɪvəˌbəʊt]
lijnschip (het)	ocean liner	['əʊʃən 'laɪnə(r)]
kruiser (de)	cruiser	['kruːzə(r)]
jacht (het)	yacht	[jɒt]
sleepboot (de)	tugboat	['tʌgbəʊt]
duwbak (de)	barge	[bɑːdʒ]
ferryboot (de)	ferry	['ferɪ]
zeilboot (de)	sailing ship	['seɪlɪŋ ʃɪp]
brigantijn (de)	brigantine	['brɪgəntiːn]
IJsbreker (de)	ice breaker	['aɪsˌbreɪkə(r)]
duikboot (de)	submarine	[ˌsʌbmə'riːn]
boot (de)	boat	[bəʊt]
sloep (de)	dinghy	['dɪŋgɪ]
reddingssloep (de)	lifeboat	['laɪfbəʊt]
motorboot (de)	motorboat	['məʊtəbəʊt]
kapitein (de)	captain	['kæptɪn]
zeeman (de)	seaman	['siːmən]
matroos (de)	sailor	['seɪlə(r)]
bemanning (de)	crew	[kruː]
bootsman (de)	boatswain	['bəʊsən]
scheepsjongen (de)	ship's boy	[ʃɪps bɔɪ]
kok (de)	cook	[kʊk]
scheepsarts (de)	ship's doctor	[ʃɪps 'dɒktə(r)]
dek (het)	deck	[dek]
mast (de)	mast	[mɑːst]
zeil (het)	sail	[seɪl]
ruim (het)	hold	[həʊld]
voorsteven (de)	bow	[baʊ]
achtersteven (de)	stern	[stɜːn]
roeispaan (de)	oar	[ɔː(r)]
schroef (de)	propeller	[prə'pelə(r)]
kajuit (de)	cabin	['kæbɪn]
officierskamer (de)	wardroom	['wɔːdrʊm]
machinekamer (de)	engine room	['endʒɪn ˌruːm]
brug (de)	bridge	[brɪdʒ]
radiokamer (de)	radio room	['reɪdɪəʊ rʊm]
radiogolf (de)	wave	[weɪv]
logboek (het)	logbook	['lɒgbʊk]
verrekijker (de)	spyglass	['spaɪglɑːs]
klok (de)	bell	[bel]

vlag (de)	flag	[flæg]
kabel (de)	rope	['rəʊp]
knoop (de)	knot	[nɒt]
trapleuning (de)	deckrail	['dekreɪl]
trap (de)	gangway	['gæŋweɪ]
anker (het)	anchor	['æŋkə(r)]
het anker lichten	to weigh anchor	[tə weɪ 'æŋkə(r)]
het anker neerlaten	to drop anchor	[tə drɒp 'æŋkə(r)]
ankerketting (de)	anchor chain	['æŋkə ˌtʃeɪn]
haven (bijv. containerhaven)	port	[pɔːt]
kaai (de)	berth, wharf	[bɜːθ], [wɔːf]
aanleggen (ww)	to berth, to moor	[tə bɜːθ], [tə mɔː(r)]
wegvaren (ww)	to cast off	[tə kɑːst ɒf]
reis (de)	trip	[trɪp]
cruise (de)	cruise	[kruːz]
koers (de)	course	[kɔːs]
route (de)	route	[ruːt]
vaarwater (het)	fairway	['feəweɪ]
zandbank (de)	shallows	['ʃæləʊz]
stranden (ww)	to run aground	[tə rʌn ə'graʊnd]
storm (de)	storm	[stɔːm]
signaal (het)	signal	['sɪgnəl]
zinken (ov. een boot)	to sink (vi)	[tə sɪŋk]
Man overboord!	Man overboard!	[ˌmæn 'əʊvəbɔːd]
SOS (noodsignaal)	SOS	[ˌesəʊ'es]
reddingsboei (de)	ring buoy	[rɪŋ bɔɪ]

108. Vliegveld

luchthaven (de)	airport	['eəpɔːt]
vliegtuig (het)	aeroplane	['eərəpleɪn]
luchtvaartmaatschappij (de)	airline	['eəlaɪn]
luchtverkeersleider (de)	air-traffic controller	['eə 'træfɪk kən'trəʊlə]
vertrek (het)	departure	[dɪ'pɑːtʃə(r)]
aankomst (de)	arrival	[ə'raɪvəl]
aankomen (per vliegtuig)	to arrive (vi)	[tə ə'raɪv]
vertrektijd (de)	departure time	[dɪ'pɑːtʃə ˌtaɪm]
aankomstuur (het)	arrival time	[ə'raɪvəl taɪm]
vertraagd zijn (ww)	to be delayed	[tə bi dɪ'leɪd]
vluchtvertraging (de)	flight delay	[flaɪt dɪ'leɪ]
informatiebord (het)	information board	[ˌɪnfə'meɪʃən bɔːd]
informatie (de)	information	[ˌɪnfə'meɪʃən]
aankondigen (ww)	to announce (vt)	[tə ə'naʊns]
vlucht (bijv. KLM ~)	flight	[flaɪt]

douane (de)	customs	['kʌstəmz]
douanier (de)	customs officer	['kʌstəmz 'ɒfɪsə(r)]
douaneaangifte (de)	customs declaration	['kʌstəmz ˌdeklə'reɪʃən]
invullen (douaneaangifte ~)	to fill in (vt)	[tə fɪl 'ɪn]
paspoortcontrole (de)	passport control	['pɑːspɔːt kən'trəʊl]
bagage (de)	luggage	['lʌgɪdʒ]
handbagage (de)	hand luggage	['hændˌlʌgɪdʒ]
Gevonden voorwerpen	LOST PROPERTY	[lɒst 'prɒpəti]
bagagekarretje (het)	luggage trolley	['lʌgɪdʒ 'trɒli]
landing (de)	landing	['lændɪŋ]
landingsbaan (de)	runway	['rʌnˌweɪ]
landen (ww)	to land (vi)	[tə lænd]
vliegtuigtrap (de)	airstairs	[eə'steəz]
inchecken (het)	check-in	['tʃek ɪn]
incheckbalie (de)	check-in desk	['tʃek ɪŋ desk]
inchecken (ww)	to check-in (vi)	[tə tʃek ɪn]
instapkaart (de)	boarding pass	['bɔːdɪŋ pɑːs]
gate (de)	departure gate	[dɪ'pɑːtʃə ˌgeɪt]
transit (de)	transit	['trænsɪt]
wachten (ww)	to wait (vt)	[tə weɪt]
wachtzaal (de)	departure lounge	[dɪ'pɑːtʃə laʊndʒ]

Gebeurtenissen in het leven

109. Vakanties. Evenement

feest (het)	celebration, holiday	[ˌselɪ'breɪʃən], ['hɒlɪdeɪ]
nationale feestdag (de)	national day	['næʃənəl deɪ]
feestdag (de)	public holiday	['pʌblɪk 'hɒlɪdeɪ]
herdenken (ww)	to commemorate (vt)	[tə kə'meməˌreɪt]

gebeurtenis (de)	event	[ɪ'vent]
evenement (het)	event	[ɪ'vent]
banket (het)	banquet	['bæŋkwɪt]
receptie (de)	reception	[rɪ'sepʃən]
feestmaal (het)	feast	[fiːst]

verjaardag (de)	anniversary	[ænɪ'vɜːsərɪ]
jubileum (het)	jubilee	['dʒuːbɪliː]
vieren (ww)	to celebrate (vt)	[tə 'selɪbreɪt]

Nieuwjaar (het)	New Year	[njuː jɪə(r)]
Gelukkig Nieuwjaar!	Happy New Year!	['hæpɪ njuː jɪə(r)]
Sinterklaas (de)	Santa Claus	['sæntə klɔːz]

Kerstfeest (het)	Christmas	['krɪsməs]
Vrolijk kerstfeest!	Merry Christmas!	[ˌmerɪ 'krɪsməs]
kerstboom (de)	Christmas tree	['krɪsməs triː]
vuurwerk (het)	fireworks	['faɪəwɜːks]

bruiloft (de)	wedding	['wedɪŋ]
bruidegom (de)	groom	[gruːm]
bruid (de)	bride	[braɪd]

uitnodigen (ww)	to invite (vt)	[tə ɪn'vaɪt]
uitnodiging (de)	invitation card	[ˌɪnvɪ'teɪʃən kɑːd]

gast (de)	guest	[gest]
op bezoek gaan	to visit with ...	[tə 'vɪzɪt wɪð]
gasten verwelkomen	to greet the guests	[tə griːt ðə gest]

geschenk, cadeau (het)	gift, present	[gɪft], ['prezənt]
geven (iets cadeau ~)	to give (vt)	[tə gɪv]
geschenken ontvangen	to receive gifts	[tə rɪ'siːv gɪfts]
boeket (het)	bouquet	[bʊ'keɪ]

felicitaties (mv.)	congratulations	[kənˌgrætʃʊ'leɪʃənz]
feliciteren (ww)	to congratulate (vt)	[tə kən'grætʃʊleɪt]

wenskaart (de)	greetings card	['griːtɪŋz kɑːd]
een kaartje versturen	to send a postcard	[tə ˌsend ə 'pəʊstkɑːd]
een kaartje ontvangen	to get a postcard	[tə get ə 'pəʊstkɑːd]

toast (de)	toast	[təʊst]
aanbieden (een drankje ~)	to offer (vt)	[tə 'ɒfə(r)]
champagne (de)	champagne	[ʃæm'peɪn]

plezier hebben (ww)	to enjoy oneself	[tə ɪn'dʒɔɪ wʌn'self]
plezier (het)	fun, merriment	[fʌn], ['merɪmənt]
vreugde (de)	joy	[dʒɔɪ]

| dans (de) | dance | [dɑːns] |
| dansen (ww) | to dance (vi, vt) | [tə dɑːns] |

| wals (de) | waltz | [wɔːls] |
| tango (de) | tango | ['tæŋgəʊ] |

110. Begrafenissen. Begrafenis

kerkhof (het)	cemetery	['semɪtrɪ]
graf (het)	grave, tomb	[greɪv], [tuːm]
grafsteen (de)	gravestone	['greɪvstəʊn]
omheining (de)	fence	[fens]
kapel (de)	chapel	['tʃæpəl]

dood (de)	death	[deθ]
sterven (ww)	to die (vi)	[tə daɪ]
overledene (de)	the deceased	[ðə dɪ'siːst]
rouw (de)	mourning	['mɔːnɪŋ]

begraven (ww)	to bury (vt)	[tə 'berɪ]
begrafenisonderneming (de)	undertakers	['ʌndə,teɪkəs]
begrafenis (de)	funeral	['fjuːnərəl]

krans (de)	wreath	[riːθ]
doodskist (de)	coffin	['kɒfɪn]
lijkwagen (de)	hearse	[hɜːs]
lijkkleed (de)	shroud	[ʃraʊd]

begrafenisstoet (de)	funeral procession	['fjuːnərəl prə'seʃən]
urn (de)	cremation urn	[krɪ'meɪʃən ˌɜːn]
crematorium (het)	crematorium	[ˌkremə'tɔːrɪəm]

overlijdensbericht (het)	obituary	[ə'bɪtʃʊərɪ]
huilen (wenen)	to cry (vi)	[tə kraɪ]
snikken (huilen)	to sob (vi)	[tə sɒb]

111. Oorlog. Soldaten

peloton (het)	platoon	[plə'tuːn]
compagnie (de)	company	['kʌmpənɪ]
regiment (het)	regiment	['redʒɪmənt]
leger (armee)	army	['ɑːmɪ]
divisie (de)	division	[dɪ'vɪʒən]
sectie (de)	section, squad	['sekʃən], [skwɒd]

troep (de)	host	[həʊst]
soldaat (militair)	soldier	[ˈsəʊldʒə(r)]
officier (de)	officer	[ˈɒfɪsə(r)]
soldaat (rang)	private	[ˈpraɪvɪt]
sergeant (de)	sergeant	[ˈsɑːdʒənt]
luitenant (de)	lieutenant	[lefˈtenənt]
kapitein (de)	captain	[ˈkæptɪn]
majoor (de)	major	[ˈmeɪdʒə(r)]
kolonel (de)	colonel	[ˈkɜːnəl]
generaal (de)	general	[ˈdʒenərəl]
matroos (de)	sailor	[ˈseɪlə(r)]
kapitein (de)	captain	[ˈkæptɪn]
bootsman (de)	boatswain	[ˈbəʊsən]
artillerist (de)	artilleryman	[ɑːˈtɪlərɪmən]
valschermjager (de)	paratrooper	[ˈpærətruːpə(r)]
piloot (de)	pilot	[ˈpaɪlət]
stuurman (de)	navigator	[ˈnævɪɡeɪtə(r)]
mecanicien (de)	mechanic	[mɪˈkænɪk]
sappeur (de)	pioneer	[ˌpaɪəˈnɪə(r)]
parachutist (de)	parachutist	[ˈpærəʃuːtɪst]
verkenner (de)	scout	[skaʊt]
scherpschutter (de)	sniper	[ˈsnaɪpə(r)]
patrouille (de)	patrol	[pəˈtrəʊl]
patrouilleren (ww)	to patrol (vi, vt)	[tə pəˈtrəʊl]
wacht (de)	sentry, guard	[ˈsentrɪ], [ɡɑːd]
krijger (de)	warrior	[ˈwɒrɪə(r)]
held (de)	hero	[ˈhɪərəʊ]
heldin (de)	heroine	[ˈherəʊɪn]
patriot (de)	patriot	[ˈpætrɪət]
verrader (de)	traitor	[ˈtreɪtə(r)]
verraden (ww)	to betray (vt)	[tə bɪˈtreɪ]
deserteur (de)	deserter	[dɪˈzɜːtə(r)]
deserteren (ww)	to desert (vi)	[tə dɪˈzɜːt]
huurling (de)	mercenary	[ˈmɜːsɪnərɪ]
rekruut (de)	recruit	[rɪˈkruːt]
vrijwilliger (de)	volunteer	[ˌvɒlənˈtɪə(r)]
gedode (de)	dead	[ded]
gewonde (de)	wounded	[ˈwuːndɪd]
krijgsgevangene (de)	prisoner of war	[ˈprɪzənə əv wɔː]

112. Oorlog. Militaire acties. Deel 1

oorlog (de)	war	[wɔː(r)]
oorlog voeren (ww)	to be at war	[tə bi ət wɔː]

burgeroorlog (de)	civil war	['sıvəl wɔ:]
achterbaks (bw)	treacherously	['tretʃərəslı]
oorlogsverklaring (de)	declaration of war	[ˌdeklə'reıʃən əv wɔ:]
verklaren (de oorlog ~)	to declare (vt)	[tə dı'kleə(r)]
agressie (de)	aggression	[ə'greʃən]
aanvallen (binnenvallen)	to attack (vt)	[tə ə'tæk]
binnenvallen (ww)	to invade (vt)	[tu ın'veıd]
invaller (de)	invader	[ın'veıdə(r)]
veroveraar (de)	conqueror	['kɒŋkərə(r)]
verdediging (de)	defence	[dı'fens]
verdedigen (je land ~)	to defend (vt)	[tə dı'fend]
zich verdedigen (ww)	to defend (against ...)	[tə dı'fend]
vijand (de)	enemy	['enımı]
vijandelijk (bn)	enemy	['enımı]
strategie (de)	strategy	['strætıdʒı]
tactiek (de)	tactics	['tæktıks]
order (de)	order	['ɔ:də(r)]
bevel (het)	command	[kə'mɑ:nd]
bevelen (ww)	to order (vt)	[tə 'ɔ:də(r)]
opdracht (de)	mission	['mıʃən]
geheim (bn)	secret	['si:krıt]
veldslag (de)	battle	['bætəl]
strijd (de)	combat	['kɒmbæt]
aanval (de)	attack	[ə'tæk]
bestorming (de)	storming	['stɔ:mıŋ]
bestormen (ww)	to storm (vt)	[tə stɔ:m]
bezetting (de)	siege	[si:dʒ]
aanval (de)	offensive	[ə'fensıv]
in het offensief te gaan	to go on the offensive	[tə gəʊ ɒn ðı ə'fensıv]
terugtrekking (de)	retreat	[rı'tri:t]
zich terugtrekken (ww)	to retreat (vi)	[tə rı'tri:t]
omsingeling (de)	encirclement	[ın'sɜ:kəlmənt]
omsingelen (ww)	to encircle (vt)	[tə ın'sɜ:kəl]
bombardement (het)	bombing	['bɒmıŋ]
een bom gooien	to drop a bomb	[tə drɒp ə bɒm]
bombarderen (ww)	to bomb (vt)	[tə bɒm]
ontploffing (de)	explosion	[ık'spləʊʒən]
schot (het)	shot	[ʃɒt]
een schot lossen	to fire a shot	[tə ˌfaıə ə 'ʃɒt]
schieten (het)	firing	['faıərıŋ]
mikken op (ww)	to aim (vt)	[tə eım]
aanleggen (een wapen ~)	to point (vt)	[tə pɔınt]
treffen (doelwit ~)	to hit (vt)	[tə hıt]

zinken (tot zinken brengen)	to sink (vt)	[tə sɪŋk]
kogelgat (het)	hole	[həʊl]
zinken (gezonken zijn)	to founder, to sink (vi)	[tə 'faʊndə(r)], [tə sɪŋk]
front (het)	front	[frʌnt]
hinterland (het)	rear, homefront	[rɪə(r)], [həʊmfrʌnt]
evacuatie (de)	evacuation	[ɪˌvækjʊ'eɪʃən]
evacueren (ww)	to evacuate (vt)	[tə ɪ'vækjʊeɪt]
loopgraaf (de)	trench	[trentʃ]
prikkeldraad (de)	barbed wire	['bɑːbd ˌwaɪə(r)]
verdedigingsobstakel (het)	barrier	['bærɪə(r)]
wachttoren (de)	watchtower	['wɒtʃˌtaʊə(r)]
hospitaal (het)	hospital	['hɒspɪtəl]
verwonden (ww)	to wound (vt)	[tə wuːnd]
wond (de)	wound	[wuːnd]
gewonde (de)	wounded	['wuːndɪd]
gewond raken (ww)	to be wounded	[tə bi 'wuːndɪd]
ernstig (~e wond)	serious	['sɪərɪəs]

113. Oorlog. Militaire acties. Deel 2

krijgsgevangenschap (de)	captivity	[kæp'tɪvətɪ]
krijgsgevangen nemen	to take sb captive	[tə teɪk … 'kæptɪv]
krijgsgevangene zijn	to be in captivity	[tə bi ɪn kæp'tɪvətɪ]
krijgsgevangen genomen worden	to be taken prisoner	[tə bi 'teɪkən 'prɪzənə(r)]
concentratiekamp (het)	concentration camp	[ˌkɒnsən'treɪʃən kæmp]
krijgsgevangene (de)	prisoner of war	['prɪzənə əv wɔː]
vluchten (ww)	to escape (vi)	[tə ɪ'skeɪp]
fusilleren (executeren)	to execute (vt)	[tə 'eksɪkjuːt]
executie (de)	execution	[ˌeksɪ'kjuːʃən]
uitrusting (de)	equipment	[ɪ'kwɪpmənt]
schouderstuk (het)	shoulder board	['ʃəʊldə bɔːd]
gasmasker (het)	gas mask	['gæs mɑːsk]
portofoon (de)	radio transmitter	['reɪdɪəʊ trænz'mɪtə]
geheime code (de)	cipher, code	['saɪfə(r)], [kəʊd]
samenzwering (de)	secrecy	['siːkrəsɪ]
wachtwoord (het)	password	['pɑːswɜːd]
mijn (landmijn)	land mine	[lænd maɪn]
ondermijnen (legden mijnen)	to mine (vt)	[tə maɪn]
mijnenveld (het)	minefield	['maɪnfiːld]
luchtalarm (het)	air-raid warning	[eə-reɪd 'wɔːnɪŋ]
alarm (het)	alarm	[ə'lɑːm]
signaal (het)	signal	['sɪgnəl]
vuurpijl (de)	signal flare	['sɪgnəl fleə(r)]
staf (generale ~)	headquarters	[ˌhed'kwɔːtəz]

Nederlands	English	IPA
verkenningstocht (de)	reconnaissance	[rɪ'kɒnɪsəns]
toestand (de)	situation	[ˌsɪtjʊ'eɪʃən]
rapport (het)	report	[rɪ'pɔːt]
hinderlaag (de)	ambush	['æmbʊʃ]
versterking (de)	reinforcement	[ˌriːɪn'fɔːsmənt]
doel (bewegend ~)	target	['tɑːɡɪt]
proefterrein (het)	training area	['treɪnɪŋ 'eərɪə]
manoeuvres (mv.)	military exercise	['mɪlɪtərɪ 'eksəsaɪz]
paniek (de)	panic	['pænɪk]
verwoesting (de)	devastation	[ˌdevə'steɪʃən]
verwoestingen (mv.)	destruction, ruins	[dɪ'strʌkʃən], ['ruːɪnz]
verwoesten (ww)	to destroy (vt)	[tə dɪ'strɔɪ]
overleven (ww)	to survive (vi, vt)	[tə sə'vaɪv]
ontwapenen (ww)	to disarm (vt)	[tə dɪs'ɑːm]
behandelen (een pistool ~)	to handle (vt)	[tə 'hændəl]
Geeft acht!	Attention!	[ə'tenʃən]
Op de plaats rust!	At ease!	[ət 'iːz]
heldendaad (de)	feat	[fiːt]
eed (de)	oath	[əʊθ]
zweren (een eed doen)	to swear (vi, vt)	[tə sweə(r)]
decoratie (de)	decoration	[ˌdekə'reɪʃən]
onderscheiden (een ereteken geven)	to award (vt)	[tə ə'wɔːd]
medaille (de)	medal	['medəl]
orde (de)	order	['ɔːdə(r)]
overwinning (de)	victory	['vɪktərɪ]
verlies (het)	defeat	[dɪ'fiːt]
wapenstilstand (de)	armistice	['ɑːmɪstɪs]
wimpel (vaandel)	banner, standard	['bænə], ['stændəd]
roem (de)	glory	['ɡlɔːrɪ]
parade (de)	parade	[pə'reɪd]
marcheren (ww)	to march (vi)	[tə mɑːtʃ]

114. Wapens

Nederlands	English	IPA
wapens (mv.)	weapons	['wepənz]
vuurwapens (mv.)	firearm	['faɪərɑːm]
koude wapens (mv.)	cold weapons	[ˌkəʊld 'wepənz]
chemische wapens (mv.)	chemical weapons	['kemɪkəl 'wepənz]
kern-, nucleair (bn)	nuclear	['njuːklɪə(r)]
kernwapens (mv.)	nuclear weapons	['njuːklɪə 'wepənz]
bom (de)	bomb	[bɒm]
atoombom (de)	atomic bomb	[ə'tɒmɪk bɒm]
pistool (het)	pistol	['pɪstəl]

geweer (het)	rifle	['raɪfəl]
machinepistool (het)	submachine gun	[ˌsʌbmə'ʃiːn gʌn]
machinegeweer (het)	machine gun	[mə'ʃiːn gʌn]
loop (schietbuis)	muzzle	['mʌzəl]
loop (bijv. geweer met kortere ~)	barrel	['bærəl]
kaliber (het)	calibre	['kælɪbə(r)]
trekker (de)	trigger	['trɪgə(r)]
korrel (de)	sight	[saɪt]
magazijn (het)	magazine	[ˌmægə'ziːn]
geweerkolf (de)	butt	[bʌt]
granaat (handgranaat)	hand grenade	[hænd grə'neɪd]
explosieven (mv.)	explosive	[ɪk'spləʊsɪv]
kogel (de)	bullet	['bʊlɪt]
patroon (de)	cartridge	['kɑːtrɪdʒ]
lading (de)	charge	[tʃɑːdʒ]
ammunitie (de)	ammunition	[ˌæmjʊ'nɪʃən]
bommenwerper (de)	bomber	['bɒmə(r)]
straaljager (de)	fighter	['faɪtə(r)]
helikopter (de)	helicopter	['helɪkɒptə(r)]
afweergeschut (het)	anti-aircraft gun	['æntɪ-'eəkrɑːft gʌn]
tank (de)	tank	[tæŋk]
kanon (tank met een ~ van 76 mm)	tank gun	['tæŋk ˌgʌn]
artillerie (de)	artillery	[ɑː'tɪləri]
kanon (het)	cannon	['kænən]
projectiel (het)	shell	[ʃel]
mortiergranaat (de)	mortar bomb	['mɔːtə bɒm]
mortier (de)	mortar	['mɔːtə(r)]
granaatscherf (de)	splinter	['splɪntə(r)]
duikboot (de)	submarine	[ˌsʌbmə'riːn]
torpedo (de)	torpedo	[tɔː'piːdəʊ]
raket (de)	missile	['mɪsəl]
laden (geweer, kanon)	to load (vt)	[tə ləʊd]
schieten (ww)	to shoot (vi)	[tə ʃuːt]
richten op (mikken)	to take aim at …	[tə teɪk eɪm ət]
bajonet (de)	bayonet	['beɪənɪt]
degen (de)	epee	['eɪpeɪ]
sabel (de)	sabre	['seɪbə(r)]
speer (de)	spear	[spɪə(r)]
boog (de)	bow	[bəʊ]
pijl (de)	arrow	['ærəʊ]
musket (de)	musket	['mʌskɪt]
kruisboog (de)	crossbow	['krɒsbəʊ]

115. Oude mensen

primitief (bn)	primitive	[ˈprɪmɪtɪv]
voorhistorisch (bn)	prehistoric	[ˌpriːhɪˈstɒrɪk]
eeuwenoude (~ beschaving)	ancient	[ˈeɪnʃənt]
Steentijd (de)	Stone Age	[ˌstəʊn ˈeɪdʒ]
Bronstijd (de)	Bronze Age	[ˈbrɒnz ˌeɪdʒ]
IJstijd (de)	Ice Age	[ˈaɪs ˌeɪdʒ]
stam (de)	tribe	[traɪb]
menseneter (de)	cannibal	[ˈkænɪbəl]
jager (de)	hunter	[ˈhʌntə(r)]
jagen (ww)	to hunt (vi, vt)	[tə hʌnt]
mammoet (de)	mammoth	[ˈmæməθ]
grot (de)	cave	[keɪv]
vuur (het)	fire	[ˈfaɪə(r)]
kampvuur (het)	campfire	[ˈkæmpˌfaɪə(r)]
rotstekening (de)	rock painting	[rɒk ˈpeɪntɪŋ]
werkinstrument (het)	tool	[tuːl]
speer (de)	spear	[spɪə(r)]
stenen bijl (de)	stone axe	[stəʊn æks]
oorlog voeren (ww)	to be at war	[tə bi ət wɔː]
temmen (bijv. wolf ~)	to domesticate (vt)	[tə dəˈmestɪkeɪt]
idool (het)	idol	[ˈaɪdəl]
aanbidden (ww)	to worship (vt)	[tə ˈwɜːʃɪp]
bijgeloof (het)	superstition	[ˌsuːpəˈstɪʃən]
ritueel (het)	rite	[raɪt]
evolutie (de)	evolution	[ˌiːvəˈluːʃən]
ontwikkeling (de)	development	[dɪˈveləpmənt]
verdwijning (de)	disappearance	[ˌdɪsəˈpɪərəns]
zich aanpassen (ww)	to adapt oneself	[tə əˈdæpt wʌnˈself]
archeologie (de)	archaeology	[ˌɑːkɪˈɒlədʒɪ]
archeoloog (de)	archaeologist	[ˌɑːkɪˈɒlədʒɪst]
archeologisch (bn)	archaeological	[ˌɑːkɪəˈlɒdʒɪkəl]
opgravingsplaats (de)	excavation site	[ˌekskəˈveɪʃən saɪt]
opgravingen (mv.)	excavations	[ˌekskəˈveɪʃənz]
vondst (de)	find	[faɪnd]
fragment (het)	fragment	[ˈfrægmənt]

116. Middeleeuwen

volk (het)	people	[ˈpiːpəl]
volkeren (mv.)	peoples	[ˈpiːpəlz]
stam (de)	tribe	[traɪb]
stammen (mv.)	tribes	[traɪbz]
barbaren (mv.)	barbarians	[bɑːˈbeərɪənz]

Galliërs (mv.)	Gauls	[gɔːlz]
Goten (mv.)	Goths	[gɒθs]
Slaven (mv.)	Slavs	[slɑːvz]
Vikings (mv.)	Vikings	[ˈvaɪkɪŋz]

| Romeinen (mv.) | Romans | [ˈrəʊmənz] |
| Romeins (bn) | Roman | [ˈrəʊmən] |

Byzantijnen (mv.)	Byzantines	[bɪˈzæntaɪnz]
Byzantium (het)	Byzantium	[bɪˈzæntɪəm]
Byzantijns (bn)	Byzantine	[bɪˈzæntaɪn]

keizer (bijv. Romeinse ~)	emperor	[ˈempərə(r)]
opperhoofd (het)	leader, chief	[ˈliːdə], [tʃiːf]
machtig (bn)	powerful	[ˈpaʊəfʊl]
koning (de)	king	[kɪŋ]
heerser (de)	ruler	[ˈruːlə(r)]

ridder (de)	knight	[naɪt]
feodaal (de)	feudal lord	[ˈfjuːdəl lɔːd]
feodaal (bn)	feudal	[ˈfjuːdəl]
vazal (de)	vassal	[ˈvæsəl]

hertog (de)	duke	[djuːk]
graaf (de)	earl	[ɜːl]
baron (de)	baron	[ˈbærən]
bisschop (de)	bishop	[ˈbɪʃəp]

harnas (het)	armour	[ˈɑːmə(r)]
schild (het)	shield	[ʃiːld]
zwaard (het)	sword	[sɔːd]
vizier (het)	visor	[ˈvaɪzə(r)]
maliënkolder (de)	chainmail	[tʃeɪn meɪl]

| kruistocht (de) | crusade | [kruːˈseɪd] |
| kruisvaarder (de) | crusader | [kruːˈseɪdə(r)] |

gebied (bijv. bezette ~en)	territory	[ˈterətrɪ]
aanvallen (binnenvallen)	to attack (vt)	[tə əˈtæk]
veroveren (ww)	to conquer (vt)	[tə ˈkɒŋkə(r)]
innemen (binnenvallen)	to occupy (vt)	[tə ˈɒkjʊpaɪ]

bezetting (de)	siege	[siːdʒ]
bezet (bn)	besieged	[bɪˈsiːdʒd]
belegeren (ww)	to besiege (vt)	[tə bɪˈsiːdʒ]

inquisitie (de)	inquisition	[ˌɪnkwɪˈzɪʃən]
inquisiteur (de)	inquisitor	[ɪnˈkwɪzɪtə(r)]
foltering (de)	torture	[ˈtɔːtʃə(r)]
wreed (bn)	cruel	[krʊəl]
ketter (de)	heretic	[ˈherətɪk]
ketterij (de)	heresy	[ˈherəsɪ]

zeevaart (de)	seafaring	[ˈsiːˌfeərɪŋ]
piraat (de)	pirate	[ˈpaɪrət]
piraterij (de)	piracy	[ˈpaɪrəsɪ]

enteren (het)	boarding	['bɔːdɪŋ]
buit (de)	loot	[luːt]
schatten (mv.)	treasures	['treʒəz]

ontdekking (de)	discovery	[dɪ'skʌvərɪ]
ontdekken (bijv. nieuw land)	to discover (vt)	[tə dɪ'skʌvə(r)]
expeditie (de)	expedition	[ˌekspɪ'dɪʃən]

musketier (de)	musketeer	[ˌmʌskɪ'tɪə(r)]
kardinaal (de)	cardinal	['kɑːdɪnəl]
heraldiek (de)	heraldry	['herəldrɪ]
heraldisch (bn)	heraldic	[he'rældɪk]

117. Leider. Baas. Autoriteiten

koning (de)	king	[kɪŋ]
koningin (de)	queen	[kwiːn]
koninklijk (bn)	royal	['rɔɪəl]
koninkrijk (het)	kingdom	['kɪŋdəm]

prins (de)	prince	[prɪns]
prinses (de)	princess	[prɪn'ses]

president (de)	president	['prezɪdənt]
vicepresident (de)	vice-president	[vaɪs 'prezɪdənt]
senator (de)	senator	['senətə(r)]

monarch (de)	monarch	['mɒnək]
heerser (de)	ruler	['ruːlə(r)]
dictator (de)	dictator	[dɪk'teɪtə(r)]
tiran (de)	tyrant	['taɪrənt]
magnaat (de)	magnate	['mægneɪt]
directeur (de)	director	[dɪ'rektə(r)]
chef (de)	chief	[tʃiːf]
beheerder (de)	manager	['mænɪdʒə(r)]
baas (de)	boss	[bɒs]
eigenaar (de)	owner	['əʊnə(r)]

leider (de)	leader	['liːdə(r)]
hoofd (bijv. ~ van de delegatie)	head	[hed]
autoriteiten (mv.)	authorities	[ɔː'θɒrətɪz]
superieuren (mv.)	superiors	[suː'pɪərɪərz]

gouverneur (de)	governor	['gʌvənə(r)]
consul (de)	consul	['kɒnsəl]
diplomaat (de)	diplomat	['dɪpləmæt]
burgemeester (de)	mayor	[meə(r)]
sheriff (de)	sheriff	['ʃerɪf]

keizer (bijv. Romeinse ~)	emperor	['empərə(r)]
tsaar (de)	tsar	[zɑː(r)]
farao (de)	pharaoh	['feərəʊ]
kan (de)	khan	[kɑːn]

118. De wet overtreden. Criminelen. Deel 1

bandiet (de)	bandit	['bændɪt]
misdaad (de)	crime	[kraɪm]
misdadiger (de)	criminal	['krɪmɪnəl]
dief (de)	thief	[θi:f]
stelen (ww)	to steal (vt)	[tə sti:l]
stelen (de)	stealing	['sti:lɪŋ]
diefstal (de)	theft	[θeft]
kidnappen (ww)	to kidnap (vt)	[tə 'kɪdnæp]
kidnapping (de)	kidnapping	['kɪdnæpɪŋ]
kidnapper (de)	kidnapper	['kɪdnæpə(r)]
losgeld (het)	ransom	['rænsəm]
eisen losgeld (ww)	to demand ransom	[tə dɪ'mɑ:nd 'rænsəm]
overvallen (ww)	to rob (vt)	[tə rɒb]
overval (de)	robbery	['rɒbərɪ]
overvaller (de)	robber	['rɒbə(r)]
afpersen (ww)	to extort (vt)	[tə ɪk'stɔ:t]
afperser (de)	extortionist	[ɪk'stɔ:ʃənɪst]
afpersing (de)	extortion	[ɪk'stɔ:ʃən]
vermoorden (ww)	to murder (vt)	[tə 'mɜ:də(r)]
moord (de)	murder	['mɜ:də(r)]
moordenaar (de)	murderer	['mɜ:dərə(r)]
schot (het)	gunshot	['gʌnʃɒt]
een schot lossen	to fire a shot	[tə ˌfaɪə ə 'ʃɒt]
neerschieten (ww)	to shoot to death	[tə ʃu:t tə deθ]
schieten (ww)	to shoot (vi)	[tə ʃu:t]
schieten (het)	shooting	['ʃu:tɪŋ]
ongeluk (gevecht, enz.)	incident	['ɪnsɪdənt]
gevecht (het)	fight, brawl	[faɪt], [brɔ:l]
Help!	Help!	[help]
slachtoffer (het)	victim	['vɪktɪm]
beschadigen (ww)	to damage (vt)	[tə 'dæmɪdʒ]
schade (de)	damage	['dæmɪdʒ]
lijk (het)	dead body	[ded 'bɒdɪ]
zwaar (~ misdrijf)	grave	[greɪv]
aanvallen (ww)	to attack (vt)	[tə ə'tæk]
slaan (iemand ~)	to beat (vt)	[tə bi:t]
in elkaar slaan (toetakelen)	to beat ... up	[tə bi:t ... ʌp]
ontnemen (beroven)	to take (vt)	[tə teɪk]
steken (met een mes)	to stab to death	[tə stæb tə deθ]
verminken (ww)	to maim (vt)	[tə meɪm]
verwonden (ww)	to wound (vt)	[tə wu:nd]
chantage (de)	blackmail	['blækˌmeɪl]
chanteren (ww)	to blackmail (vt)	[tə 'blækˌmeɪl]

chanteur (de)	blackmailer	['blæk‚meɪlə(r)]
afpersing (de)	protection racket	[prə'tekʃən 'rækɪt]
afperser (de)	racketeer	[‚rækə'tɪə(r)]
gangster (de)	gangster	['gæŋstə(r)]
maffia (de)	mafia	['mæfɪə]
kruimeldief (de)	pickpocket	['pɪk‚pɒkɪt]
inbreker (de)	burglar	['bɜ:glə]
smokkelen (het)	smuggling	['smʌglɪŋ]
smokkelaar (de)	smuggler	['smʌglə(r)]
namaak (de)	forgery	['fɔ:dʒərɪ]
namaken (ww)	to forge (vt)	[tə fɔ:dʒ]
namaak-, vals (bn)	fake, forged	[feɪk], [fɔ:dʒd]

119. De wet overtreden. Criminelen. Deel 2

verkrachting (de)	rape	[reɪp]
verkrachten (ww)	to rape (vt)	[tə reɪp]
verkrachter (de)	rapist	['reɪpɪst]
maniak (de)	maniac	['meɪnɪæk]
prostituee (de)	prostitute	['prɒstɪtju:t]
prostitutie (de)	prostitution	[‚prɒstɪ'tju:ʃən]
pooier (de)	pimp	[pɪmp]
drugsverslaafde (de)	drug addict	['drʌg‚ædɪkt]
drugshandelaar (de)	drug dealer	['drʌg ‚di:lə(r)]
opblazen (ww)	to blow up (vt)	[tə bləʊ ʌp]
explosie (de)	explosion	[ɪk'spləʊʒən]
in brand steken (ww)	to set fire	[tə set 'faɪə(r)]
brandstichter (de)	arsonist	['ɑ:sənɪst]
terrorisme (het)	terrorism	['terərɪzəm]
terrorist (de)	terrorist	['terərɪst]
gijzelaar (de)	hostage	['hɒstɪdʒ]
bedriegen (ww)	to swindle (vt)	[tə 'swɪndəl]
bedrog (het)	swindle, deception	['swɪndəl], [dɪ'sepʃən]
oplichter (de)	swindler	['swɪndlə(r)]
omkopen (ww)	to bribe (vt)	[tə braɪb]
omkoperij (de)	bribery	['braɪbərɪ]
smeergeld (het)	bribe	[braɪb]
vergif (het)	poison	['pɔɪzən]
vergiftigen (ww)	to poison (vt)	[tə 'pɔɪzən]
vergif innemen (ww)	to poison oneself	[tə 'pɔɪzən wʌn'self]
zelfmoord (de)	suicide	['su:ɪsaɪd]
zelfmoordenaar (de)	suicide	['su:ɪsaɪd]
bedreigen (bijv. met een pistool)	to threaten (vt)	[tə 'θretən]

bedreiging (de)	threat	[θret]
een aanslag plegen	to make an attempt	[tə meɪk ən ə'tempt]
aanslag (de)	attempt	[ə'tempt]
stelen (een auto)	to steal (vt)	[tə stiːl]
kapen (een vliegtuig)	to hijack (vt)	[tə 'haɪdʒæk]
wraak (de)	revenge	[rɪ'vendʒ]
wreken (ww)	to avenge (vt)	[tə ə'vendʒ]
martelen (gevangenen)	to torture (vt)	[tə 'tɔːtʃə(r)]
foltering (de)	torture	['tɔːtʃə(r)]
folteren (ww)	to torment (vt)	[tə tɔː'ment]
piraat (de)	pirate	['paɪrət]
straatschender (de)	hooligan	['huːlɪgən]
gewapend (bn)	armed	[ɑːmd]
geweld (het)	violence	['vaɪələns]
onwettig (strafbaar)	illegal	[ɪ'liːgəl]
spionage (de)	spying	['spaɪɪŋ]
spioneren (ww)	to spy (vi)	[tə spaɪ]

120. Politie. Wet. Deel 1

gerecht (het)	justice	['dʒʌstɪs]
gerechtshof (het)	court	[kɔːt]
rechter (de)	judge	[dʒʌdʒ]
jury (de)	jurors	['dʒʊərəz]
juryrechtspraak (de)	jury trial	['dʒʊərɪ 'traɪəl]
berechten (ww)	to judge (vt)	[tə dʒʌdʒ]
advocaat (de)	lawyer, barrister	['lɔːjə(r)], ['bærɪstə(r)]
beklaagde (de)	accused	[ə'kjuːzd]
beklaagdenbank (de)	dock	[dɒk]
beschuldiging (de)	charge	[tʃɑːdʒ]
beschuldigde (de)	accused	[ə'kjuːzd]
vonnis (het)	sentence	['sentəns]
veroordelen	to sentence (vt)	[tə 'sentəns]
(in een rechtszaak)		
straffen (ww)	to punish (vt)	[tə 'pʌnɪʃ]
bestraffing (de)	punishment	['pʌnɪʃmənt]
boete (de)	fine	[faɪn]
levenslange opsluiting (de)	life imprisonment	[laɪf ɪm'prɪzənmənt]
doodstraf (de)	death penalty	['deθ ˌpenəltɪ]
elektrische stoel (de)	electric chair	[ɪ'lektrɪk 'tʃeə(r)]
schavot (het)	gallows	['gæləʊz]
executeren (ww)	to execute (vt)	[tə 'eksɪkjuːt]
executie (de)	execution	[ˌeksɪ'kjuːʃən]

gevangenis (de)	prison, jail	['prɪzən], [dʒeɪl]
cel (de)	cell	[sel]
konvooi (het)	escort	['eskɔ:t]
gevangenisbewaker (de)	prison officer	['prɪzən 'ɒfɪsə(r)]
gedetineerde (de)	prisoner	['prɪzənə(r)]
handboeien (mv.)	handcuffs	['hændkʌfs]
handboeien omdoen	to handcuff (vt)	[tə 'hændkʌf]
ontsnapping (de)	prison break	['prɪzən breɪk]
ontsnappen (ww)	to break out (vi)	[tə breɪk 'aʊt]
verdwijnen (ww)	to disappear (vi)	[tə ˌdɪsə'pɪə(r)]
vrijlaten (uit de gevangenis)	to release (vt)	[tə rɪ'li:s]
amnestie (de)	amnesty	['æmnəstɪ]
politie (de)	police	[pə'li:s]
politieagent (de)	police officer	[pə'li:s 'ɒfɪsə(r)]
politiebureau (het)	police station	[pə'li:s 'steɪʃən]
knuppel (de)	truncheon	['trʌntʃən]
megafoon (de)	loudspeaker	[ˌlaʊd'spi:kə(r)]
patrouilleerwagen (de)	patrol car	[pə'trəʊl kɑ:(r)]
sirene (de)	siren	['saɪərən]
de sirene aansteken	to turn on the siren	[tə tɜ:n ˌɒn ðə 'saɪərən]
geloei (het) van de sirene	siren call	['saɪərən kɔ:l]
plaats delict (de)	crime scene	[kraɪm si:n]
getuige (de)	witness	['wɪtnɪs]
vrijheid (de)	freedom	['fri:dəm]
handlanger (de)	accomplice	[ə'kʌmplɪs]
spoor (het)	trace	[treɪs]

121. Politie. Wet. Deel 2

opsporing (de)	search	[sɜ:tʃ]
opsporen (ww)	to look for ...	[tə lʊk fɔ:(r)]
verdenking (de)	suspicion	[sə'spɪʃən]
verdacht (bn)	suspicious	[sə'spɪʃəs]
aanhouden (stoppen)	to stop (vt)	[tə stɒp]
tegenhouden (ww)	to detain (vt)	[tə dɪ'teɪn]
strafzaak (de)	case	[keɪs]
onderzoek (het)	investigation	[ɪnˌvestɪ'geɪʃən]
detective (de)	detective	[dɪ'tektɪv]
onderzoeksrechter (de)	investigator	[ɪn'vestɪˌgeɪtə(r)]
versie (de)	hypothesis	[haɪ'pɒθɪsɪs]
motief (het)	motive	['məʊtɪv]
verhoor (het)	interrogation	[ɪnˌterə'geɪʃən]
ondervragen (door de politie)	to interrogate (vt)	[tə ɪn'terəgeɪt]
ondervragen (omstanders ~)	to question (vt)	[tə 'kwestʃən]
controle (de)	check	[tʃek]
razzia (de)	round-up	[raʊndʌp]

huiszoeking (de)	search	[sɜːtʃ]
achtervolging (de)	chase	[tʃeɪs]
achtervolgen (ww)	to pursue, to chase	[tə pə'sjuː], [tə tʃeɪs]
opsporen (ww)	to track (vt)	[tə træk]

arrest (het)	arrest	[ə'rest]
arresteren (ww)	to arrest (vt)	[tə ə'rest]
vangen, aanhouden (een dief, enz.)	to catch (vt)	[tə kætʃ]
aanhouding (de)	capture	['kæptʃə(r)]

document (het)	document	['dɒkjʊmənt]
bewijs (het)	proof	[pruːf]
bewijzen (ww)	to prove (vt)	[tə pruːv]
voetspoor (het)	footprint	['fʊtprɪnt]
vingerafdrukken (mv.)	fingerprints	['fɪŋgəprɪnts]
bewijs (het)	piece of evidence	[piːs ɒf 'evɪdəns]

alibi (het)	alibi	['ælɪbaɪ]
onschuldig (bn)	innocent	['ɪnəsənt]
onrecht (het)	injustice	[ɪn'dʒʌstɪs]
onrechtvaardig (bn)	unjust, unfair	[ˌʌn'dʒʌst], [ˌʌn'feə(r)]

crimineel (bn)	criminal	['krɪmɪnəl]
confisqueren (in beslag nemen)	to confiscate (vt)	[tə 'kɒnfɪskeɪt]
drug (de)	drug	[drʌg]
wapen (het)	weapon, gun	['wepən], [gʌn]
ontwapenen (ww)	to disarm (vt)	[tə dɪs'ɑːm]
bevelen (ww)	to order (vt)	[tə 'ɔːdə(r)]
verdwijnen (ww)	to disappear (vi)	[tə ˌdɪsə'pɪə(r)]

wet (de)	law	[lɔː]
wettelijk (bn)	legal, lawful	['liːgəl], ['lɔːfʊl]
onwettelijk (bn)	illegal, illicit	[ɪ'liːgəl], [ɪ'lɪsɪt]

verantwoordelijkheid (de)	responsibility	[rɪˌspɒnsə'bɪlɪtɪ]
verantwoordelijk (bn)	responsible	[rɪ'spɒnsəbəl]

NATUUR

De Aarde. Deel 1

122. De kosmische ruimte

kosmos (de)	cosmos	['kɒzmɒs]
kosmisch (bn)	space	[speɪs]
kosmische ruimte (de)	outer space	[ˌaʊtə speɪs]
sterrenstelsel (het)	galaxy	['gæləksɪ]
ster (de)	star	[stɑː(r)]
sterrenbeeld (het)	constellation	[ˌkɒnstə'leɪʃən]
planeet (de)	planet	['plænɪt]
satelliet (de)	satellite	['sætəlaɪt]
meteoriet (de)	meteorite	['miːtjəraɪt]
komeet (de)	comet	['kɒmɪt]
asteroïde (de)	asteroid	['æstərɔɪd]
baan (de)	orbit	['ɔːbɪt]
draaien (om de zon, enz.)	to rotate (vi)	[tə rəʊ'teɪt]
atmosfeer (de)	atmosphere	['ætməˌsfɪə(r)]
Zon (de)	the Sun	[sʌn]
zonnestelsel (het)	solar system	['səʊlə 'sɪstəm]
zonsverduistering (de)	solar eclipse	['səʊlə ɪ'klɪps]
Aarde (de)	the Earth	[ðɪ 3ːθ]
Maan (de)	the Moon	[ðə muːn]
Mars (de)	Mars	[mɑːz]
Venus (de)	Venus	['viːnəs]
Jupiter (de)	Jupiter	['dʒuːpɪtə(r)]
Saturnus (de)	Saturn	['sætən]
Mercurius (de)	Mercury	['mɜːkjʊrɪ]
Uranus (de)	Uranus	['jʊərənəs]
Neptunus (de)	Neptune	['neptjuːn]
Pluto (de)	Pluto	['pluːtəʊ]
Melkweg (de)	Milky Way	['mɪlkɪ weɪ]
Grote Beer (de)	Great Bear	[greɪt 'beə(r)]
Poolster (de)	North Star	[nɔːθ stɑː(r)]
marsmannetje (het)	Martian	['mɑːʃən]
buitenaards wezen (het)	extraterrestrial	[ˌekstrətə'restrɪəl]
bovenaards (het)	alien	['eɪljən]

vliegende schotel (de)	flying saucer	['flaııŋ 'sɔːsə(r)]
ruimtevaartuig (het)	spaceship	['speısʃıp]
ruimtestation (het)	space station	[speıs 'steıʃən]
start (de)	blast-off	[blɑːst ɒf]
motor (de)	engine	['endʒın]
straalpijp (de)	nozzle	['nɒzəl]
brandstof (de)	fuel	[fjʊəl]
cabine (de)	cockpit	['kɒkpıt]
antenne (de)	aerial	['eərıəl]
patrijspoort (de)	porthole	['pɔːθəʊl]
zonnebatterij (de)	solar battery	['səʊlə 'bætərı]
ruimtepak (het)	spacesuit	['speıssuːt]
gewichtloosheid (de)	weightlessness	['weıtlısnıs]
zuurstof (de)	oxygen	['ɒksıdʒən]
koppeling (de)	docking	['dɒkıŋ]
koppeling maken	to dock (vi, vt)	[tə dɒk]
observatorium (het)	observatory	[əb'zɜːvətrı]
telescoop (de)	telescope	['telıskəʊp]
waarnemen (ww)	to observe (vt)	[tə əb'zɜːv]
exploreren (ww)	to explore (vt)	[tə ık'splɔː(r)]

123. De Aarde

Aarde (de)	the Earth	[ðı ɜːθ]
aardbol (de)	globe	[gləʊb]
planeet (de)	planet	['plænıt]
atmosfeer (de)	atmosphere	['ætməˌsfıə(r)]
aardrijkskunde (de)	geography	[dʒı'ɒgrəfı]
natuur (de)	nature	['neıtʃə(r)]
wereldbol (de)	globe	[gləʊb]
kaart (de)	map	[mæp]
atlas (de)	atlas	['ætləs]
Europa (het)	Europe	['jʊərəp]
Azië (het)	Asia	['eıʒə]
Afrika (het)	Africa	['æfrıkə]
Australië (het)	Australia	[ɒ'streıljə]
Amerika (het)	America	[ə'merıkə]
Noord-Amerika (het)	North America	[nɔːθ ə'merıkə]
Zuid-Amerika (het)	South America	[saʊθ ə'merıkə]
Antarctica (het)	Antarctica	[ænt'ɑːktıkə]
Arctis (de)	the Arctic	[ðə 'ɑrktık]

124. Windrichtingen

noorden (het)	north	[nɔ:θ]
naar het noorden	to the north	[tə ðə nɔ:θ]
in het noorden	in the north	[ın ðə nɔ:θ]
noordelijk (bn)	northern	['nɔ:ðən]
zuiden (het)	south	[saʊθ]
naar het zuiden	to the south	[tə ðə saʊθ]
in het zuiden	in the south	[ın ðə saʊθ]
zuidelijk (bn)	southern	['sʌðən]
westen (het)	west	[west]
naar het westen	to the west	[tə ðə west]
in het westen	in the west	[ın ðə west]
westelijk (bn)	western	['westən]
oosten (het)	east	[i:st]
naar het oosten	to the east	[tə ðı i:st]
in het oosten	in the east	[ın ðı i:st]
oostelijk (bn)	eastern	['i:stən]

125. Zee. Oceaan

zee (de)	sea	[si:]
oceaan (de)	ocean	['əʊʃən]
golf (baai)	gulf	[gʌlf]
straat (de)	straits	[streıts]
grond (vaste grond)	solid ground	['sɒlıd graʊnd]
continent (het)	continent	['kɒntınənt]
eiland (het)	island	['aılənd]
schiereiland (het)	peninsula	[pə'nınsjʊlə]
archipel (de)	archipelago	[ˌɑ:kı'pelıgəʊ]
baai, bocht (de)	bay	[beı]
haven (de)	harbour	['hɑ:bə(r)]
lagune (de)	lagoon	[lə'gu:n]
kaap (de)	cape	[keıp]
atol (de)	atoll	['ætɒl]
rif (het)	reef	[ri:f]
koraal (het)	coral	['kɒrəl]
koraalrif (het)	coral reef	['kɒrəl ri:f]
diep (bn)	deep	[di:p]
diepte (de)	depth	[depθ]
diepzee (de)	abyss	[ə'bıs]
trog (bijv. Marianentrog)	trench	[trentʃ]
stroming (de)	current	['kʌrənt]
omspoelen (ww)	to surround (vt)	[tə sə'raʊnd]
oever (de)	shore	[ʃɔ:(r)]

kust (de)	coast	[kəʊst]
vloed (de)	high tide	[haɪ taɪd]
eb (de)	low tide	[ləʊ taɪd]
ondiepte (ondiep water)	sandbank	[ˈsændbæŋk]
bodem (de)	bottom	[ˈbɒtəm]
golf (hoge ~)	wave	[weɪv]
golfkam (de)	crest	[krest]
schuim (het)	froth	[frɒθ]
storm (de)	storm	[stɔːm]
orkaan (de)	hurricane	[ˈhʌrɪkən]
tsunami (de)	tsunami	[tsuːˈnɑːmɪ]
windstilte (de)	calm	[kɑːm]
kalm (bijv. ~e zee)	quiet, calm	[ˈkwaɪət], [kɑːm]
pool (de)	pole	[pəʊl]
polair (bn)	polar	[ˈpəʊlə(r)]
breedtegraad (de)	latitude	[ˈlætɪtjuːd]
lengtegraad (de)	longitude	[ˈlɒndʒɪtjuːd]
parallel (de)	parallel	[ˈpærəlel]
evenaar (de)	equator	[ɪˈkweɪtə(r)]
hemel (de)	sky	[skaɪ]
horizon (de)	horizon	[həˈraɪzən]
lucht (de)	air	[eə]
vuurtoren (de)	lighthouse	[ˈlaɪthaʊs]
duiken (ww)	to dive (vi)	[tə daɪv]
zinken (ov. een boot)	to sink (vi)	[tə sɪŋk]
schatten (mv.)	treasures	[ˈtreʒəz]

126. Namen van zeeën en oceanen

Atlantische Oceaan (de)	Atlantic Ocean	[ətˈlæntɪk ˈəʊʃən]
Indische Oceaan (de)	Indian Ocean	[ˈɪndɪən ˈəʊʃən]
Stille Oceaan (de)	Pacific Ocean	[pəˈsɪfɪk ˈəʊʃən]
Noordelijke IJszee (de)	Arctic Ocean	[ˈɑːktɪk ˈəʊʃən]
Zwarte Zee (de)	Black Sea	[blæk siː]
Rode Zee (de)	Red Sea	[red siː]
Gele Zee (de)	Yellow Sea	[ˌjeləʊ ˈsiː]
Witte Zee (de)	White Sea	[waɪt siː]
Kaspische Zee (de)	Caspian Sea	[ˈkæspɪən siː]
Dode Zee (de)	Dead Sea	[ˌded ˈsiː]
Middellandse Zee (de)	Mediterranean Sea	[ˌmedɪtəˈreɪnɪən siː]
Egeïsche Zee (de)	Aegean Sea	[iːˈdʒiːən siː]
Adriatische Zee (de)	Adriatic Sea	[ˌeɪdrɪˈætɪk siː]
Arabische Zee (de)	Arabian Sea	[əˈreɪbɪən siː]
Japanse Zee (de)	Sea of Japan	[ˈsiː əv dʒəˈpæn]

Beringzee (de)	Bering Sea	['berɪŋ siː]
Zuid-Chinese Zee (de)	South China Sea	[saʊθ 'tʃaɪnə siː]
Koraalzee (de)	Coral Sea	['kɒrəl siː]
Tasmanzee (de)	Tasman Sea	['tæzmən siː]
Caribische Zee (de)	Caribbean Sea	[ˌkæ'rɪbɪən siː]
Barentszzee (de)	Barents Sea	['bærənts siː]
Karische Zee (de)	Kara Sea	['kɑːrə siː]
Noordzee (de)	North Sea	[nɔːθ siː]
Baltische Zee (de)	Baltic Sea	['bɔːltɪk siː]
Noorse Zee (de)	Norwegian Sea	[nɔː'wiːdʒən siː]

127. Bergen

berg (de)	mountain	['maʊntɪn]
bergketen (de)	mountain range	['maʊntɪn reɪndʒ]
gebergte (het)	mountain ridge	['maʊntɪn rɪdʒ]
bergtop (de)	summit, top	['sʌmɪt], [tɒp]
bergpiek (de)	peak	[piːk]
voet (ov. de berg)	foot	[fʊt]
helling (de)	slope	[sləʊp]
vulkaan (de)	volcano	[vɒl'keɪnəʊ]
actieve vulkaan (de)	active volcano	['æktɪv vɒl'keɪnəʊ]
uitgedoofde vulkaan (de)	dormant volcano	['dɔːmənt vɒl'keɪnəʊ]
uitbarsting (de)	eruption	[ɪ'rʌpʃən]
krater (de)	crater	['kreɪtə(r)]
magma (het)	magma	['mægmə]
lava (de)	lava	['lɑːvə]
gloeiend (~e lava)	molten	['məʊltən]
kloof (canyon)	canyon	['kænjən]
bergkloof (de)	gorge	[gɔːdʒ]
spleet (de)	crevice	['krevɪs]
afgrond (de)	abyss	[ə'bɪs]
bergpas (de)	pass, col	[pɑːs], [kɒl]
plateau (het)	plateau	['plætəʊ]
klip (de)	cliff	[klɪf]
heuvel (de)	hill	[hɪl]
gletsjer (de)	glacier	['glæsjə(r)]
waterval (de)	waterfall	['wɔːtəfɔːl]
geiser (de)	geyser	['giːzə(r)]
meer (het)	lake	[leɪk]
vlakte (de)	plain	[pleɪn]
landschap (het)	landscape	['lændskeɪp]
echo (de)	echo	['ekəʊ]
alpinist (de)	alpinist	['ælpɪnɪst]

bergbeklimmer (de)	rock climber	[rɒk 'klaɪmə(r)]
trotseren (berg ~)	conquer (vt)	['kɒŋkə(r)]
beklimming (de)	climb	[klaɪm]

128. Bergen namen

Alpen (de)	Alps	[ælps]
Mont Blanc (de)	Mont Blanc	[ˌmɔ̃'blɑ̃]
Pyreneeën (de)	Pyrenees	[ˌpɪrə'niːz]
Karpaten (de)	Carpathians	[kɑːˈpeɪθɪənz]
Oeralgebergte (het)	Ural Mountains	['jʊərəl 'maʊntɪnz]
Kaukasus (de)	Caucasus	['kɔːkəsəs]
Elbroes (de)	Elbrus	[ˌelbə'ruːs]
Altaj (de)	Altai	[ɑːl'taɪ]
Tiensjan (de)	Tien Shan	[tjɛn'ʃɑːn]
Pamir (de)	Pamir Mountains	[pə'mɪə 'maʊntɪnz]
Himalaya (de)	Himalayas	[ˌhɪmə'leɪəz]
Everest (de)	Everest	['evərɪst]
Andes (de)	Andes	['ændiːz]
Kilimanjaro (de)	Kilimanjaro	[ˌkɪlɪmən'dʒɑːrəʊ]

129. Rivieren

rivier (de)	river	['rɪvə(r)]
bron (~ van een rivier)	spring	[sprɪŋ]
rivierbedding (de)	riverbed	['rɪvəbed]
rivierbekken (het)	basin	['beɪsən]
uitmonden in ...	to flow into ...	[tə fləʊ 'ɪntʊ]
zijrivier (de)	tributary	['trɪbjʊtrɪ]
oever (de)	bank	[bæŋk]
stroming (de)	current, stream	['kʌrənt], [striːm]
stroomafwaarts (bw)	downstream	['daʊnˌstriːm]
stroomopwaarts (bw)	upstream	[ˌʌp'striːm]
overstroming (de)	inundation	[ˌɪnʌn'deɪʃən]
overstroming (de)	flooding	['flʌdɪŋ]
buiten zijn oevers treden	to overflow (vi)	[tə ˌəʊvə'fləʊ]
overstromen (ww)	to flood (vt)	[tə flʌd]
zandbank (de)	shallows	['ʃæləʊz]
stroomversnelling (de)	rapids	['ræpɪdz]
dam (de)	dam	[dæm]
kanaal (het)	canal	[kə'næl]
spaarbekken (het)	artificial lake	[ˌɑːtɪ'fɪʃəl leɪk]
sluis (de)	sluice, lock	[sluːs], [lɒk]
waterlichaam (het)	water body	['wɔːtə 'bɒdɪ]

moeras (het)	swamp, bog	[swɒmp], [bɒg]
broek (het)	marsh	[mɑːʃ]
draaikolk (de)	whirlpool	['wɜːlpuːl]
stroom (de)	stream	[striːm]
drink- (abn)	drinking	['drɪŋkɪŋ]
zoet (~ water)	fresh	[freʃ]
IJs (het)	ice	[aɪs]
bevriezen (rivier, enz.)	to freeze over	[tə friːz 'əʊvə(r)]

130. Namen van rivieren

Seine (de)	Seine	[seɪn]
Loire (de)	Loire	[lwɑːr]
Theems (de)	Thames	[temz]
Rijn (de)	Rhine	[raɪn]
Donau (de)	Danube	['dænjuːb]
Wolga (de)	Volga	['vɒlgə]
Don (de)	Don	[dɒn]
Lena (de)	Lena	['leɪnə]
Gele Rivier (de)	Yellow River	[jeləʊ 'rɪvə(r)]
Blauwe Rivier (de)	Yangtze	['jæŋtsɪ]
Mekong (de)	Mekong	['miːkɒn]
Ganges (de)	Ganges	['gændʒiːz]
Nijl (de)	Nile	[naɪl]
Kongo (de)	Congo	['kɒŋgəʊ]
Okavango (de)	Okavango	[ˌɒkə'væŋgəʊ]
Zambezi (de)	Zambezi	[zæm'biːzɪ]
Limpopo (de)	Limpopo	[lɪm'pəʊpəʊ]

131. Bos

bos (het)	forest	['fɒrɪst]
bos- (abn)	forest	['fɒrɪst]
oerwoud (dicht bos)	thick forest	[θɪk 'fɒrɪst]
bosje (klein bos)	grove	[grəʊv]
open plek (de)	clearing	['klɪərɪŋ]
struikgewas (het)	thicket	['θɪkɪt]
struiken (mv.)	scrubland	['skrʌblænd]
paadje (het)	footpath	['fʊtpɑːθ]
ravijn (het)	gully	['gʌlɪ]
boom (de)	tree	[triː]
blad (het)	leaf	[liːf]

gebladerte (het)	leaves	[liːvz]
vallende bladeren (mv.)	fall of leaves	[fɔːl əv liːvz]
vallen (ov. de bladeren)	to fall (vi)	[tə fɔːl]
boomtop (de)	top	[tɒp]
tak (de)	branch	[brɑːntʃ]
ent (de)	bough	[baʊ]
knop (de)	bud	[bʌd]
naald (de)	needle	[ˈniːdəl]
dennenappel (de)	fir cone	[fɜː kəʊn]
boom holte (de)	hollow	[ˈhɒləʊ]
nest (het)	nest	[nest]
hol (het)	burrow, animal hole	[ˈbʌrəʊ], [ˈænɪməl həʊl]
stam (de)	trunk	[trʌŋk]
wortel (bijv. boom~s)	root	[ruːt]
schors (de)	bark	[bɑːk]
mos (het)	moss	[mɒs]
ontwortelen (een boom)	to uproot (vt)	[tə ˌʌpˈruːt]
kappen (een boom ~)	to chop down	[tə tʃɒp daʊn]
ontbossen (ww)	to deforest (vt)	[tə ˌdiːˈfɒrɪst]
stronk (de)	tree stump	[triː stʌmp]
kampvuur (het)	campfire	[ˈkæmpˌfaɪə(r)]
bosbrand (de)	forest fire	[ˈfɒrɪst ˈfaɪə(r)]
blussen (ww)	to extinguish (vt)	[tə ɪkˈstɪŋgwɪʃ]
boswachter (de)	forest ranger	[ˈfɒrɪst ˈreɪndʒə]
bescherming (de)	protection	[prəˈtekʃən]
beschermen (bijv. de natuur ~)	to protect (vt)	[tə prəˈtekt]
stroper (de)	poacher	[ˈpəʊtʃə(r)]
val (de)	trap	[træp]
plukken (vruchten, enz.)	to gather, to pick (vt)	[tə ˈgæðə(r)], [tə pɪk]
verdwalen (de weg kwijt zijn)	to lose one's way	[tə luːz wʌnz weɪ]

132. Natuurlijke hulpbronnen

natuurlijke rijkdommen (mv.)	natural resources	[ˈnætʃərəl rɪˈsɔːsɪz]
delfstoffen (mv.)	minerals	[ˈmɪnərəlz]
lagen (mv.)	deposits	[dɪˈpɒzɪts]
veld (bijv. olie~)	field	[fiːld]
winnen (uit erts ~)	to mine (vt)	[tə maɪn]
winning (de)	mining	[ˈmaɪnɪŋ]
erts (het)	ore	[ɔː(r)]
mijn (bijv. kolenmijn)	mine	[maɪn]
mijnschacht (de)	mine shaft, pit	[maɪn ʃɑːft], [pɪt]
mijnwerker (de)	miner	[ˈmaɪnə(r)]
gas (het)	gas	[gæs]
gasleiding (de)	gas pipeline	[gæs ˈpaɪplaɪn]

olie (aardolie)	oil, petroleum	[ɔɪl], [pɪˈtrəʊlɪəm]
olieleiding (de)	oil pipeline	[ɔɪl ˈpaɪplaɪn]
oliebron (de)	oil well	[ɔɪl wel]
boortoren (de)	derrick	[ˈderɪk]
tanker (de)	tanker	[ˈtæŋkə(r)]

zand (het)	sand	[sænd]
kalksteen (de)	limestone	[ˈlaɪmstəʊn]
grind (het)	gravel	[ˈgrævəl]
veen (het)	peat	[piːt]
klei (de)	clay	[kleɪ]
steenkool (de)	coal	[kəʊl]

IJzer (het)	iron	[ˈaɪən]
goud (het)	gold	[gəʊld]
zilver (het)	silver	[ˈsɪlvə(r)]
nikkel (het)	nickel	[ˈnɪkəl]
koper (het)	copper	[ˈkɒpə(r)]

zink (het)	zinc	[zɪŋk]
mangaan (het)	manganese	[ˈmæŋgəniːz]
kwik (het)	mercury	[ˈmɜːkjʊrɪ]
lood (het)	lead	[led]

mineraal (het)	mineral	[ˈmɪnərəl]
kristal (het)	crystal	[ˈkrɪstəl]
marmer (het)	marble	[ˈmɑːbəl]
uraan (het)	uranium	[jʊˈreɪnjəm]

De Aarde. Deel 2

133. Weer

Nederlands	English	IPA
weer (het)	weather	[ˈweðə(r)]
weersvoorspelling (de)	weather forecast	[ˈweðə ˈfɔːkɑːst]
temperatuur (de)	temperature	[ˈtemprətʃə(r)]
thermometer (de)	thermometer	[θəˈmɒmɪtə(r)]
barometer (de)	barometer	[bəˈrɒmɪtə(r)]
vochtig (bn)	humid	[ˈhjuːmɪd]
vochtigheid (de)	humidity	[hjuːˈmɪdətɪ]
hitte (de)	heat	[hiːt]
heet (bn)	hot	[hɒt]
het is heet	it's hot	[ɪts hɒt]
het is warm	it's warm	[ɪts wɔːm]
warm (bn)	warm	[wɔːm]
het is koud	it's cold	[ɪts kəʊld]
koud (bn)	cold	[kəʊld]
zon (de)	sun	[sʌn]
schijnen (de zon)	to shine (vi)	[tə ʃaɪn]
zonnig (~e dag)	sunny	[ˈsʌnɪ]
opgaan (ov. de zon)	to come up (vi)	[tə kʌm ʌp]
ondergaan (ww)	to set (vi)	[tə set]
wolk (de)	cloud	[klaʊd]
bewolkt (bn)	cloudy	[ˈklaʊdɪ]
regenwolk (de)	rain cloud	[reɪn klaʊd]
somber (bn)	sombre	[ˈsɒmbə(r)]
regen (de)	rain	[reɪn]
het regent	it's raining	[ˌɪt ɪz ˈreɪnɪŋ]
regenachtig (bn)	rainy	[ˈreɪnɪ]
motregenen (ww)	to drizzle (vi)	[tə ˈdrɪzəl]
plensbui (de)	pouring rain	[ˈpɔːrɪŋ reɪn]
stortbui (de)	downpour	[ˈdaʊnpɔː(r)]
hard (bn)	heavy	[ˈhevɪ]
plas (de)	puddle	[ˈpʌdəl]
nat worden (ww)	to get wet	[tə get wet]
mist (de)	fog, mist	[fɒg], [mɪst]
mistig (bn)	foggy	[ˈfɒgɪ]
sneeuw (de)	snow	[snəʊ]
het sneeuwt	it's snowing	[ɪts snəʊɪŋ]

134. Zwaar weer. Natuurrampen

noodweer (storm)	thunderstorm	[ˈθʌndestɔːm]
bliksem (de)	lightning	[ˈlaɪtnɪŋ]
flitsen (ww)	to flash (vi)	[tə flæʃ]
donder (de)	thunder	[ˈθʌndə(r)]
donderen (ww)	to thunder (vi)	[tə ˈθʌndə(r)]
het dondert	it's thundering	[ɪts ˈθʌndərɪŋ]
hagel (de)	hail	[heɪl]
het hagelt	it's hailing	[ɪts heɪlɪŋ]
overstromen (ww)	to flood (vt)	[tə flʌd]
overstroming (de)	flood	[flʌd]
aardbeving (de)	earthquake	[ˈɜːθkweɪk]
aardschok (de)	tremor, quake	[ˈtremə(r)], [kweɪk]
epicentrum (het)	epicentre	[ˈepɪsentə(r)]
uitbarsting (de)	eruption	[ɪˈrʌpʃən]
lava (de)	lava	[ˈlɑːvə]
wervelwind (de)	twister	[ˈtwɪstə(r)]
tyfoon (de)	typhoon	[taɪˈfuːn]
orkaan (de)	hurricane	[ˈhʌrɪkən]
storm (de)	storm	[stɔːm]
tsunami (de)	tsunami	[tsuːˈnɑːmɪ]
cycloon (de)	cyclone	[ˈsaɪkləʊn]
onweer (het)	bad weather	[bæd ˈweðə(r)]
brand (de)	fire	[ˈfaɪə(r)]
ramp (de)	disaster	[dɪˈzɑːstə(r)]
meteoriet (de)	meteorite	[ˈmiːtjəraɪt]
lawine (de)	avalanche	[ˈævəlɑːnʃ]
sneeuwverschuiving (de)	snowslide	[ˈsnəʊslaɪd]
sneeuwjacht (de)	blizzard	[ˈblɪzəd]
sneeuwstorm (de)	snowstorm	[ˈsnəʊstɔːm]

Fauna

135. Zoogdieren. Roofdieren

roofdier (het)	predator	['predətə(r)]
tijger (de)	tiger	['taɪgə(r)]
leeuw (de)	lion	['laɪən]
wolf (de)	wolf	[wʊlf]
vos (de)	fox	[fɒks]
jaguar (de)	jaguar	['dʒægjʊə(r)]
luipaard (de)	leopard	['lepəd]
jachtluipaard (de)	cheetah	['tʃiːtə]
panter (de)	black panther	[blæk 'pænθə(r)]
poema (de)	puma	['pjuːmə]
sneeuwluipaard (de)	snow leopard	[snəʊ 'lepəd]
lynx (de)	lynx	[lɪnks]
coyote (de)	coyote	[kɔɪ'əʊtɪ]
jakhals (de)	jackal	['dʒækəl]
hyena (de)	hyena	[haɪ'iːnə]

136. Wilde dieren

dier (het)	animal	['ænɪməl]
beest (het)	beast	[biːst]
eekhoorn (de)	squirrel	['skwɪrəl]
egel (de)	hedgehog	['hedʒhɒg]
haas (de)	hare	[heə(r)]
konijn (het)	rabbit	['ræbɪt]
das (de)	badger	['bædʒə(r)]
wasbeer (de)	raccoon	[rə'kuːn]
hamster (de)	hamster	['hæmstə(r)]
marmot (de)	marmot	['mɑːmət]
mol (de)	mole	[məʊl]
muis (de)	mouse	[maʊs]
rat (de)	rat	[ræt]
vleermuis (de)	bat	[bæt]
hermelijn (de)	ermine	['ɜːmɪn]
sabeldier (het)	sable	['seɪbəl]
marter (de)	marten	['mɑːtɪn]
wezel (de)	weasel	['wiːzəl]
nerts (de)	mink	[mɪŋk]

Dutch	English	IPA
bever (de)	beaver	['bi:və(r)]
otter (de)	otter	['ɒtə(r)]
paard (het)	horse	[hɔ:s]
eland (de)	moose	[mu:s]
hert (het)	deer	[dɪə(r)]
kameel (de)	camel	['kæməl]
bizon (de)	bison	['baɪsən]
oeros (de)	aurochs	['ɔ:rɒks]
buffel (de)	buffalo	['bʌfələʊ]
zebra (de)	zebra	['zebrə]
antilope (de)	antelope	['æntɪləʊp]
ree (de)	roe deer	[rəʊ dɪə(r)]
damhert (het)	fallow deer	['fæləʊ dɪə(r)]
gems (de)	chamois	['ʃæmwɑ:]
everzwijn (het)	wild boar	[ˌwaɪld 'bɔ:(r)]
walvis (de)	whale	[weɪl]
rob (de)	seal	[si:l]
walrus (de)	walrus	['wɔ:lrəs]
zeehond (de)	fur seal	['fɜ:ˌsi:l]
dolfijn (de)	dolphin	['dɒlfɪn]
beer (de)	bear	[beə]
IJsbeer (de)	polar bear	['pəʊlə ˌbeə(r)]
panda (de)	panda	['pændə]
aap (de)	monkey	['mʌŋkɪ]
chimpansee (de)	chimpanzee	[ˌtʃɪmpæn'zi:]
orang-oetan (de)	orangutan	[ɒˌræŋu:'tæn]
gorilla (de)	gorilla	[gə'rɪlə]
makaak (de)	macaque	[mə'kɑ:k]
gibbon (de)	gibbon	['gɪbən]
olifant (de)	elephant	['elɪfənt]
neushoorn (de)	rhinoceros	[raɪ'nɒsərəs]
giraffe (de)	giraffe	[dʒɪ'rɑ:f]
nijlpaard (het)	hippopotamus	[ˌhɪpə'pɒtəməs]
kangoeroe (de)	kangaroo	[ˌkæŋgə'ru:]
koala (de)	koala	[kəʊ'ɑ:lə]
mangoest (de)	mongoose	['mɒŋgu:s]
chinchilla (de)	chinchilla	[ˌtʃɪn'tʃɪlə]
stinkdier (het)	skunk	[skʌŋk]
stekelvarken (het)	porcupine	['pɔ:kjʊpaɪn]

137. Huisdieren

Dutch	English	IPA
poes (de)	cat	[kæt]
kater (de)	tomcat	['tɒmkæt]
hond (de)	dog	[dɒg]

paard (het)	horse	[hɔːs]
hengst (de)	stallion	[ˈstæliən]
merrie (de)	mare	[meə(r)]
koe (de)	cow	[kaʊ]
stier (de)	bull	[bʊl]
os (de)	ox	[ɒks]
schaap (het)	sheep	[ʃiːp]
ram (de)	ram	[ræm]
geit (de)	goat	[gəʊt]
bok (de)	he-goat	[ˈhiː-gəʊt]
ezel (de)	donkey	[ˈdɒŋkɪ]
muilezel (de)	mule	[mjuːl]
varken (het)	pig	[pɪg]
biggetje (het)	piglet	[ˈpɪglɪt]
konijn (het)	rabbit	[ˈræbɪt]
kip (de)	hen	[hen]
haan (de)	cock	[kɒk]
eend (de)	duck	[dʌk]
woerd (de)	drake	[dreɪk]
gans (de)	goose	[guːs]
kalkoen haan (de)	stag turkey	[stæg ˈtɜːkɪ]
kalkoen (de)	turkey	[ˈtɜːkɪ]
huisdieren (mv.)	domestic animals	[dəˈmestɪk ˈænɪməlz]
tam (bijv. hamster)	tame	[teɪm]
temmen (tam maken)	to tame (vt)	[tə teɪm]
fokken (bijv. paarden ~)	to breed (vt)	[tə briːd]
boerderij (de)	farm	[fɑːm]
gevogelte (het)	poultry	[ˈpəʊltrɪ]
rundvee (het)	cattle	[ˈkætəl]
kudde (de)	herd	[hɜːd]
paardenstal (de)	stable	[ˈsteɪbəl]
zwijnenstal (de)	pigsty	[ˈpɪgstaɪ]
koeienstal (de)	cowshed	[ˈkaʊʃed]
konijnenhok (het)	rabbit hutch	[ˈræbɪt ˌhʌtʃ]
kippenhok (het)	hen house	[ˈhenˌhaʊs]

138. Vogels

vogel (de)	bird	[bɜːd]
duif (de)	pigeon	[ˈpɪdʒɪn]
mus (de)	sparrow	[ˈspærəʊ]
koolmees (de)	tit	[tɪt]
ekster (de)	magpie	[ˈmægpaɪ]
raaf (de)	raven	[ˈreɪvən]

kraai (de)	crow	[krəʊ]
kauw (de)	jackdaw	[ˈdʒækdɔː]
roek (de)	rook	[rʊk]

eend (de)	duck	[dʌk]
gans (de)	goose	[guːs]
fazant (de)	pheasant	[ˈfezənt]

arend (de)	eagle	[ˈiːgəl]
havik (de)	hawk	[hɔːk]
valk (de)	falcon	[ˈfɔːlkən]
gier (de)	vulture	[ˈvʌltʃə]
condor (de)	condor	[ˈkɒndɔː(r)]

zwaan (de)	swan	[swɒn]
kraanvogel (de)	crane	[kreɪn]
ooievaar (de)	stork	[stɔːk]

papegaai (de)	parrot	[ˈpærət]
kolibrie (de)	hummingbird	[ˈhʌmɪŋˌbɜːd]
pauw (de)	peacock	[ˈpiːkɒk]

struisvogel (de)	ostrich	[ˈɒstrɪtʃ]
reiger (de)	heron	[ˈherən]
flamingo (de)	flamingo	[fləˈmɪŋgəʊ]
pelikaan (de)	pelican	[ˈpelɪkən]

nachtegaal (de)	nightingale	[ˈnaɪtɪŋgeɪl]
zwaluw (de)	swallow	[ˈswɒləʊ]

lijster (de)	thrush	[θrʌʃ]
zanglijster (de)	song thrush	[sɒŋ θrʌʃ]
merel (de)	blackbird	[ˈblækˌbɜːd]

gierzwaluw (de)	swift	[swɪft]
leeuwerik (de)	lark	[lɑːk]
kwartel (de)	quail	[kweɪl]

specht (de)	woodpecker	[ˈwʊdˌpekə(r)]
koekoek (de)	cuckoo	[ˈkʊkuː]
uil (de)	owl	[aʊl]
oehoe (de)	eagle owl	[ˈiːgəl aʊl]
auerhoen (het)	wood grouse	[wʊd graʊs]
korhoen (het)	black grouse	[blæk graʊs]
patrijs (de)	partridge	[ˈpɑːtrɪdʒ]

spreeuw (de)	starling	[ˈstɑːlɪŋ]
kanarie (de)	canary	[kəˈneərɪ]
hazelhoen (het)	hazel grouse	[ˈheɪzəl graʊs]

vink (de)	chaffinch	[ˈtʃæfɪntʃ]
goudvink (de)	bullfinch	[ˈbʊlfɪntʃ]

meeuw (de)	seagull	[ˈsiːgʌl]
albatros (de)	albatross	[ˈælbətrɒs]
pinguïn (de)	penguin	[ˈpeŋgwɪn]

139. Vis. Zeedieren

brasem (de)	bream	[briːm]
karper (de)	carp	[kɑːp]
baars (de)	perch	[pɜːtʃ]
meerval (de)	catfish	[ˈkætfɪʃ]
snoek (de)	pike	[paɪk]

zalm (de)	salmon	[ˈsæmən]
steur (de)	sturgeon	[ˈstɜːdʒən]

haring (de)	herring	[ˈherɪŋ]
atlantische zalm (de)	Atlantic salmon	[ətˈlæntɪk ˈsæmən]
makreel (de)	mackerel	[ˈmækərəl]
platvis (de)	flatfish	[ˈflætfɪʃ]

snoekbaars (de)	pike perch	[paɪk pɜːtʃ]
kabeljauw (de)	cod	[kɒd]
tonijn (de)	tuna	[ˈtjuːnə]
forel (de)	trout	[traʊt]

paling (de)	eel	[iːl]
sidderrog (de)	electric ray	[ɪˈlektrɪk reɪ]
murene (de)	moray eel	[ˈmɒreɪ iːl]
piranha (de)	piranha	[pɪˈrɑːnə]

haai (de)	shark	[ʃɑːk]
dolfijn (de)	dolphin	[ˈdɒlfɪn]
walvis (de)	whale	[weɪl]

krab (de)	crab	[kræb]
kwal (de)	jellyfish	[ˈdʒelɪfɪʃ]
octopus (de)	octopus	[ˈɒktəpəs]

zeester (de)	starfish	[ˈstɑːfɪʃ]
zee-egel (de)	sea urchin	[siː ˈɜːtʃɪn]
zeepaardje (het)	seahorse	[ˈsiːhɔːs]

oester (de)	oyster	[ˈɔɪstə(r)]
garnaal (de)	prawn	[prɔːn]
kreeft (de)	lobster	[ˈlɒbstə(r)]
langoest (de)	spiny lobster	[ˈspaɪnɪ ˈlɒbstə(r)]

140. Amfibieën. Reptielen

slang (de)	snake	[sneɪk]
giftig (slang)	venomous	[ˈvenəməs]

adder (de)	viper	[ˈvaɪpə(r)]
cobra (de)	cobra	[ˈkəʊbrə]
python (de)	python	[ˈpaɪθən]
boa (de)	boa	[ˈbəʊə]
ringslang (de)	grass snake	[ˈgrɑːsˌsneɪk]

ratelslang (de)	rattle snake	['rætəl sneɪk]
anaconda (de)	anaconda	[ænə'kɒndə]
hagedis (de)	lizard	['lɪzəd]
leguaan (de)	iguana	[ɪ'gwɑːnə]
varaan (de)	monitor lizard	['mɒnɪtə 'lɪzəd]
salamander (de)	salamander	['sæləˌmændə(r)]
kameleon (de)	chameleon	[kə'miːlɪən]
schorpioen (de)	scorpion	['skɔːpɪən]
schildpad (de)	turtle, tortoise	['tɜːtəl], ['tɔːtəs]
kikker (de)	frog	[frɒg]
pad (de)	toad	[təʊd]
krokodil (de)	crocodile	['krɒkədaɪl]

141. Insecten

insect (het)	insect	['ɪnsekt]
vlinder (de)	butterfly	['bʌtəflaɪ]
mier (de)	ant	[ænt]
vlieg (de)	fly	[flaɪ]
mug (de)	mosquito	[mə'skiːtəʊ]
kever (de)	beetle	['biːtəl]
wesp (de)	wasp	[wɒsp]
bij (de)	bee	[biː]
hommel (de)	bumblebee	['bʌmbəlbiː]
horzel (de)	gadfly	['gædflaɪ]
spin (de)	spider	['spaɪdə(r)]
spinnenweb (het)	spider's web	['spaɪdəz web]
libel (de)	dragonfly	['drægənflaɪ]
sprinkhaan (de)	grasshopper	['grɑːsˌhɒpə(r)]
nachtvlinder (de)	moth	[mɒθ]
kakkerlak (de)	cockroach	['kɒkrəʊtʃ]
mijt (de)	tick	[tɪk]
vlo (de)	flea	[fliː]
kriebelmug (de)	midge	[mɪdʒ]
treksprinkhaan (de)	locust	['ləʊkəst]
slak (de)	snail	[sneɪl]
krekel (de)	cricket	['krɪkɪt]
glimworm (de)	firefly	['faɪəflaɪ]
lieveheersbeestje (het)	ladybird	['leɪdɪbɜːd]
meikever (de)	cockchafer	['kɒkˌtʃeɪfə(r)]
bloedzuiger (de)	leech	[liːtʃ]
rups (de)	caterpillar	['kætəpɪlə(r)]
aardworm (de)	earthworm	['ɜːθwɜːm]
larve (de)	larva	['lɑːvə]

Flora

142. Bomen

boom (de)	tree	[triː]
loof- (abn)	deciduous	[dɪˈsɪdjʊəs]
dennen- (abn)	coniferous	[kəˈnɪfərəs]
groenblijvend (bn)	evergreen	[ˈevəgriːn]

appelboom (de)	apple tree	[ˈæpəl ˌtriː]
perenboom (de)	pear tree	[ˈpeə ˌtriː]
pruimelaar (de)	plum tree	[ˈplʌm triː]

berk (de)	birch	[bɜːtʃ]
eik (de)	oak	[əʊk]
linde (de)	linden tree	[ˈlɪndən triː]
esp (de)	aspen	[ˈæspən]
esdoorn (de)	maple	[ˈmeɪpəl]

spar (de)	spruce	[spruːs]
den (de)	pine	[paɪn]
lariks (de)	larch	[lɑːtʃ]
zilverspar (de)	fir	[fɜː(r)]
ceder (de)	cedar	[ˈsiːdə(r)]

populier (de)	poplar	[ˈpɒplə(r)]
lijsterbes (de)	rowan	[ˈrəʊən]
wilg (de)	willow	[ˈwɪləʊ]
els (de)	alder	[ˈɔːldə(r)]

beuk (de)	beech	[biːtʃ]
iep (de)	elm	[elm]
es (de)	ash	[æʃ]
kastanje (de)	chestnut	[ˈtʃesnʌt]

magnolia (de)	magnolia	[mægˈnəʊlɪə]
palm (de)	palm tree	[pɑːm triː]
cipres (de)	cypress	[ˈsaɪprəs]

mangrove (de)	mangrove	[ˈmæŋgrəʊv]
baobab (apenbroodboom)	baobab	[ˈbeɪəʊˌbæb]
eucalyptus (de)	eucalyptus	[ˌjuːkəˈlɪptəs]
mammoetboom (de)	sequoia	[sɪˈkwɔɪə]

143. Heesters

struik (de)	bush	[bʊʃ]
heester (de)	shrub	[ʃrʌb]

wijnstok (de)	grapevine	['greɪpvaɪn]
wijngaard (de)	vineyard	['vɪnjəd]
frambozenstruik (de)	raspberry bush	['rɑːzbərɪ bʊʃ]
rode bessenstruik (de)	redcurrant bush	['redkʌrənt bʊʃ]
kruisbessenstruik (de)	gooseberry bush	['gʊzbərɪ ˌbʊʃ]
acacia (de)	acacia	[ə'keɪʃə]
zuurbes (de)	barberry	['bɑːberɪ]
jasmijn (de)	jasmine	['dʒæzmɪn]
jeneverbes (de)	juniper	['dʒuːnɪpə(r)]
rozenstruik (de)	rosebush	['rəʊzbʊʃ]
hondsroos (de)	dog rose	['dɒg ˌrəʊz]

144. Vruchten. Bessen

vrucht (de)	fruit	[fruːt]
vruchten (mv.)	fruits	[fruːts]
appel (de)	apple	['æpəl]
peer (de)	pear	[peə(r)]
pruim (de)	plum	[plʌm]
aardbei (de)	strawberry	['strɔːberɪ]
druif (de)	grape	[greɪp]
framboos (de)	raspberry	['rɑːzbərɪ]
zwarte bes (de)	blackcurrant	[ˌblæk'kʌrənt]
rode bes (de)	redcurrant	['redkʌrənt]
kruisbes (de)	gooseberry	['gʊzbərɪ]
veenbes (de)	cranberry	['krænbərɪ]
sinaasappel (de)	orange	['ɒrɪndʒ]
mandarijn (de)	tangerine	[ˌtændʒə'riːn]
ananas (de)	pineapple	['paɪnˌæpəl]
banaan (de)	banana	[bə'nɑːnə]
dadel (de)	date	[deɪt]
citroen (de)	lemon	['lemən]
abrikoos (de)	apricot	['eɪprɪkɒt]
perzik (de)	peach	[piːtʃ]
kiwi (de)	kiwi	['kiːwiː]
grapefruit (de)	grapefruit	['greɪpfruːt]
bes (de)	berry	['berɪ]
bessen (mv.)	berries	['berɪːz]
vossenbes (de)	cowberry	['kaʊberɪ]
bosaardbei (de)	wild strawberry	[ˌwaɪld 'strɔːberɪ]
bosbes (de)	bilberry	['bɪlberɪ]

145. Bloemen. Planten

bloem (de)	flower	['flaʊə(r)]
boeket (het)	bouquet	[bʊ'keɪ]

roos (de)	rose	[rəʊz]
tulp (de)	tulip	[ˈtjuːlɪp]
anjer (de)	carnation	[kɑːˈneɪʃən]
gladiool (de)	gladiolus	[ˌglædɪˈəʊləs]
korenbloem (de)	cornflower	[ˈkɔːnflaʊə(r)]
klokje (het)	bluebell	[ˈbluːbel]
paardenbloem (de)	dandelion	[ˈdændɪlaɪən]
kamille (de)	camomile	[ˈkæməmaɪl]
aloë (de)	aloe	[ˈæləʊ]
cactus (de)	cactus	[ˈkæktəs]
ficus (de)	rubber plant, ficus	[ˈrʌbə plɑːnt], [ˈfaɪkəs]
lelie (de)	lily	[ˈlɪlɪ]
geranium (de)	geranium	[dʒɪˈreɪnjəm]
hyacint (de)	hyacinth	[ˈhaɪəsɪnθ]
mimosa (de)	mimosa	[mɪˈməʊzə]
narcis (de)	narcissus	[nɑːˈsɪsəs]
Oostindische kers (de)	nasturtium	[nəsˈtɜːʃəm]
orchidee (de)	orchid	[ˈɔːkɪd]
pioenroos (de)	peony	[ˈpiːənɪ]
viooltje (het)	violet	[ˈvaɪələt]
driekleurig viooltje (het)	pansy	[ˈpænzɪ]
vergeet-mij-nietje (het)	forget-me-not	[fəˈget mi ˌnɒt]
madeliefje (het)	daisy	[ˈdeɪzɪ]
papaver (de)	poppy	[ˈpɒpɪ]
hennep (de)	hemp	[hemp]
munt (de)	mint	[mɪnt]
lelietje-van-dalen (het)	lily of the valley	[ˈlɪlɪ əv ðə ˈvælɪ]
sneeuwklokje (het)	snowdrop	[ˈsnəʊdrɒp]
brandnetel (de)	nettle	[ˈnetəl]
veldzuring (de)	sorrel	[ˈsɒrəl]
waterlelie (de)	water lily	[ˈwɔːtə ˈlɪlɪ]
varen (de)	fern	[fɜːn]
korstmos (het)	lichen	[ˈlaɪkən]
oranjerie (de)	tropical glasshouse	[ˈtrɒpɪkəl ˈglɑːshaʊs]
gazon (het)	lawn	[lɔːn]
bloemperk (het)	flowerbed	[ˈflaʊəbed]
plant (de)	plant	[plɑːnt]
gras (het)	grass	[grɑːs]
grasspriet (de)	blade of grass	[bleɪd əv grɑːs]
blad (het)	leaf	[liːf]
bloemblad (het)	petal	[ˈpetəl]
stengel (de)	stem	[stem]
knol (de)	tuber	[ˈtjuːbə(r)]
scheut (de)	young plant	[jʌŋ plɑːnt]

doorn (de)	thorn	[θɔːn]
bloeien (ww)	to blossom (vi)	[tə ˈblɒsəm]
verwelken (ww)	to fade (vi)	[tə feɪd]
geur (de)	smell	[smel]
snijden (bijv. bloemen ~)	to cut (vt)	[tə kʌt]
plukken (bloemen ~)	to pick (vt)	[tə pɪk]

146. Granen, graankorrels

graan (het)	grain	[greɪn]
graangewassen (mv.)	cereal crops	[ˈsɪərɪəl krɒps]
aar (de)	ear	[ɪə(r)]
tarwe (de)	wheat	[wiːt]
rogge (de)	rye	[raɪ]
haver (de)	oats	[əʊts]
gierst (de)	millet	[ˈmɪlɪt]
gerst (de)	barley	[ˈbɑːlɪ]
maïs (de)	maize	[meɪz]
rijst (de)	rice	[raɪs]
boekweit (de)	buckwheat	[ˈbʌkwiːt]
erwt (de)	pea	[piː]
boon (de)	kidney bean	[ˈkɪdnɪ biːn]
soja (de)	soya	[ˈsɔɪə]
linze (de)	lentil	[ˈlentɪl]
bonen (mv.)	beans	[biːnz]

LANDEN. NATIONALITEITEN

147. West-Europa

Europa (het)	Europe	['jʊərəp]
Europese Unie (de)	European Union	[ˌjʊərə'piːən 'juːnɪən]
Oostenrijk (het)	Austria	['ɒstrɪə]
Groot-Brittannië (het)	Great Britain	[greɪt 'brɪtən]
Engeland (het)	England	['ɪŋglənd]
België (het)	Belgium	['beldʒəm]
Duitsland (het)	Germany	['dʒɜːmənɪ]
Nederland (het)	Netherlands	['neðələndz]
Holland (het)	Holland	['hɒlənd]
Griekenland (het)	Greece	[griːs]
Denemarken (het)	Denmark	['denmɑːk]
Ierland (het)	Ireland	['aɪələnd]
IJsland (het)	Iceland	['aɪslənd]
Spanje (het)	Spain	[speɪn]
Italië (het)	Italy	['ɪtəlɪ]
Cyprus (het)	Cyprus	['saɪprəs]
Malta (het)	Malta	['mɔːltə]
Noorwegen (het)	Norway	['nɔːweɪ]
Portugal (het)	Portugal	['pɔːtʃʊgəl]
Finland (het)	Finland	['fɪnlənd]
Frankrijk (het)	France	[frɑːns]
Zweden (het)	Sweden	['swiːdən]
Zwitserland (het)	Switzerland	['swɪtsələnd]
Schotland (het)	Scotland	['skɒtlənd]
Vaticaanstad (de)	Vatican	['vætɪkən]
Liechtenstein (het)	Liechtenstein	['lɪktənstaɪn]
Luxemburg (het)	Luxembourg	['lʌksəmbɜːg]
Monaco (het)	Monaco	['mɒnəkəʊ]

148. Centraal- en Oost-Europa

Albanië (het)	Albania	[æl'beɪnɪə]
Bulgarije (het)	Bulgaria	[bʌl'geərɪə]
Hongarije (het)	Hungary	['hʌŋgərɪ]
Letland (het)	Latvia	['lætvɪə]
Litouwen (het)	Lithuania	[ˌlɪθjʊ'eɪnjə]
Polen (het)	Poland	['pəʊlənd]

Roemenië (het)	Romania	[ru:'meɪnɪə]
Servië (het)	Serbia	['sɜ:bɪə]
Slowakije (het)	Slovakia	[slə'vækɪə]

Kroatië (het)	Croatia	[krəʊ'eɪʃə]
Tsjechië (het)	Czech Republic	[tʃek rɪ'pʌblɪk]
Estland (het)	Estonia	[e'stəʊnjə]

Bosnië en Herzegovina (het)	Bosnia-Herzegovina	[ˌbɒznɪə-ˌheətsəgə'vi:nə]
Macedonië (het)	Macedonia	[ˌmæsɪ'dəʊnɪə]
Slovenië (het)	Slovenia	[slə'vi:nɪə]
Montenegro (het)	Montenegro	[ˌmɒntɪ'ni:grəʊ]

149. Voormalige USSR landen

| Azerbeidzjan (het) | Azerbaijan | [ˌæzəbaɪ'dʒɑ:n] |
| Armenië (het) | Armenia | [ɑ:'mi:nɪə] |

Wit-Rusland (het)	Belarus	[ˌbelə'ru:s]
Georgië (het)	Georgia	['dʒɔ:dʒjə]
Kazakstan (het)	Kazakhstan	[ˌkæzæk'stɑ:n]
Kirgizië (het)	Kirghizia	[kɜ:'gɪzɪə]
Moldavië (het)	Moldavia	[mɒl'deɪvɪə]

| Rusland (het) | Russia | ['rʌʃə] |
| Oekraïne (het) | Ukraine | [ju:'kreɪn] |

Tadzjikistan (het)	Tajikistan	[tɑ:ˌdʒɪkɪ'stɑ:n]
Turkmenistan (het)	Turkmenistan	[ˌtɜ:kmenɪ'stɑ:n]
Oezbekistan (het)	Uzbekistan	[ʊzˌbekɪ'stɑ:n]

150. Azië

Azië (het)	Asia	['eɪʒə]
Vietnam (het)	Vietnam	[ˌvjet'næm]
India (het)	India	['ɪndɪə]
Israël (het)	Israel	['ɪzreɪəl]

China (het)	China	['tʃaɪnə]
Libanon (het)	Lebanon	['lebənən]
Mongolië (het)	Mongolia	[mɒŋ'gəʊlɪə]

| Maleisië (het) | Malaysia | [mə'leɪzɪə] |
| Pakistan (het) | Pakistan | [ˌpɑ:kɪ'stɑ:n] |

Saoedi-Arabië (het)	Saudi Arabia	['saʊdɪ ə'reɪbɪə]
Thailand (het)	Thailand	['taɪlænd]
Taiwan (het)	Taiwan	[ˌtaɪ'wɑ:n]
Turkije (het)	Turkey	['tɜ:kɪ]
Japan (het)	Japan	[dʒə'pæn]
Afghanistan (het)	Afghanistan	[æf'gænɪˌstæn]
Bangladesh (het)	Bangladesh	[ˌbæŋglə'deʃ]

| Indonesië (het) | Indonesia | [ˌɪndəˈniːzjə] |
| Jordanië (het) | Jordan | [ˈdʒɔːdən] |

Irak (het)	Iraq	[ɪˈrɑːk]
Iran (het)	Iran	[ɪˈrɑːn]
Cambodja (het)	Cambodia	[kæmˈbəʊdjə]
Koeweit (het)	Kuwait	[kʊˈweɪt]

Laos (het)	Laos	[laʊs]
Myanmar (het)	Myanmar	[ˌmaɪænˈmɑː(r)]
Nepal (het)	Nepal	[nɪˈpɔːl]
Verenigde Arabische Emiraten	United Arab Emirates	[juːˈnaɪtɪd ˈærəb ˈemərəts]

| Syrië (het) | Syria | [ˈsɪrɪə] |
| Palestijnse autonomie (de) | Palestine | [ˈpæləˌstaɪn] |

| Zuid-Korea (het) | South Korea | [saʊθ kəˈrɪə] |
| Noord-Korea (het) | North Korea | [nɔːθ kəˈrɪə] |

151. Noord-Amerika

Verenigde Staten van Amerika	United States of America	[juːˈnaɪtɪd steɪts əv əˈmerɪkə]
Canada (het)	Canada	[ˈkænədə]
Mexico (het)	Mexico	[ˈmeksɪkəʊ]

152. Midden- en Zuid-Amerika

Argentinië (het)	Argentina	[ˌɑːdʒənˈtiːnə]
Brazilië (het)	Brazil	[brəˈzɪl]
Colombia (het)	Colombia	[kəˈlɒmbɪə]

| Cuba (het) | Cuba | [ˈkjuːbə] |
| Chili (het) | Chile | [ˈtʃɪlɪ] |

| Bolivia (het) | Bolivia | [bəˈlɪvɪə] |
| Venezuela (het) | Venezuela | [ˌvenɪˈzweɪlə] |

| Paraguay (het) | Paraguay | [ˈpærəgwaɪ] |
| Peru (het) | Peru | [pəˈruː] |

Suriname (het)	Suriname	[ˌsʊərɪˈnæm]
Uruguay (het)	Uruguay	[ˈjʊərəgwaɪ]
Ecuador (het)	Ecuador	[ˈekwədɔː(r)]

| Bahama's (mv.) | The Bahamas | [ðə bəˈhɑːməz] |
| Haïti (het) | Haiti | [ˈheɪtɪ] |

Dominicaanse Republiek (de)	Dominican Republic	[dəˈmɪnɪkən rɪˈpʌblɪk]
Panama (het)	Panama	[ˈpænəmɑː]
Jamaica (het)	Jamaica	[dʒəˈmeɪkə]

153. Afrika

Egypte (het)	Egypt	[´i:dʒɪpt]
Marokko (het)	Morocco	[mə´rɒkəʊ]
Tunesië (het)	Tunisia	[tju:´nɪzɪə]
Ghana (het)	Ghana	[´gɑ:nə]
Zanzibar (het)	Zanzibar	[ˌzænzɪ´bɑ:(r)]
Kenia (het)	Kenya	[´kenjə]
Libië (het)	Libya	[´lɪbɪə]
Madagaskar (het)	Madagascar	[ˌmædə´gæskə(r)]
Namibië (het)	Namibia	[nə´mɪbɪə]
Senegal (het)	Senegal	[ˌsenɪ´gɔ:l]
Tanzania (het)	Tanzania	[ˌtænzə´nɪə]
Zuid-Afrika (het)	South Africa	[saʊθ ´æfrɪkə]

154. Australië. Oceanië

Australië (het)	Australia	[ɒ´streɪljə]
Nieuw-Zeeland (het)	New Zealand	[nju: ´zi:lənd]
Tasmanië (het)	Tasmania	[tæz´meɪnjə]
Frans-Polynesië	French Polynesia	[frentʃ ˌpɒlɪ´ni:zjə]

155. Steden

Amsterdam	Amsterdam	[ˌæmstə´dæm]
Ankara	Ankara	[´æŋkərə]
Athene	Athens	[´æθɪnz]
Bagdad	Baghdad	[bæg´dæd]
Bangkok	Bangkok	[ˌbæŋ´kɒk]
Barcelona	Barcelona	[ˌbɑ:sɪ´ləʊnə]
Beiroet	Beirut	[ˌbeɪ´ru:t]
Berlijn	Berlin	[bɜ:´lɪn]
Boedapest	Budapest	[ˌbju:də´pest]
Boekarest	Bucharest	[ˌbu:kə´rest]
Bombay, Mumbai	Bombay, Mumbai	[ˌbɒm´beɪ], [mʊm´baɪ]
Bonn	Bonn	[bɒn]
Bordeaux	Bordeaux	[bɔ:´dəʊ]
Bratislava	Bratislava	[ˌbrætɪ´slɑ:və]
Brussel	Brussels	[´brʌsəlz]
Caïro	Cairo	[´kaɪərəʊ]
Calcutta	Calcutta	[kæl´kʌtə]
Chicago	Chicago	[ʃɪ´kɑ:gəʊ]
Dar Es Salaam	Dar-es-Salaam	[ˌdɑ:ressə´lɑ:m]
Delhi	Delhi	[´delɪ]
Den Haag	The Hague	[ðə heɪg]

T&P Books. Thematische woordenschat Nederlands-Brits-Engels - 5000 woorden

Dubai	Dubai	[ˌduː'baɪ]
Dublin	Dublin	['dʌblɪn]
Düsseldorf	Düsseldorf	[ˌdjuːsəl'dɔːf]
Florence	Florence	['flɒrəns]

Frankfort	Frankfurt	['fræŋkfɜt]
Genève	Geneva	[dʒɪ'niːvə]
Hamburg	Hamburg	['hæmbɜːg]
Hanoi	Hanoi	[hæ'nɔɪ]
Havana	Havana	[hə'vænə]

Helsinki	Helsinki	[hel'sɪŋkɪ]
Hiroshima	Hiroshima	[hɪ'rɒʃɪmə]
Hongkong	Hong Kong	[ˌhɒŋ'kɒŋ]
Istanbul	Istanbul	[ˌɪstæn'bʊl]
Jeruzalem	Jerusalem	[dʒə'ruːsələm]
Kiev	Kiev	['kiːev]

Kopenhagen	Copenhagen	[ˌkəʊpən'heɪgən]
Kuala Lumpur	Kuala Lumpur	[ˌkwɑːləˈlʊm,pʊə(r)]
Lissabon	Lisbon	['lɪzbən]
Londen	London	['lʌndən]
Los Angeles	Los Angeles	[lɒs'ændʒɪliːz]

Lyon	Lyons	[liːɔ̃]
Madrid	Madrid	[mə'drɪd]
Marseille	Marseille	[mɑː'seɪ]
Mexico-Stad	Mexico City	['meksɪkəʊ 'sɪtɪ]
Miami	Miami	[maɪ'æmɪ]

Montreal	Montreal	[ˌmɒntrɪ'ɔːl]
Moskou	Moscow	['mɒskəʊ]
München	Munich	['mjuːnɪk]
Nairobi	Nairobi	[naɪ'rəʊbɪ]
Napels	Naples	['neɪpəlz]

New York	New York	[njuː 'jɔːk]
Nice	Nice	[niːs]
Oslo	Oslo	['ɒzləʊ]
Ottawa	Ottawa	['ɒtəwə]
Parijs	Paris	['pærɪs]

Peking	Beijing	[ˌbeɪ'dʒɪŋ]
Praag	Prague	[prɑːg]
Rio de Janeiro	Rio de Janeiro	['riːəʊ də dʒə'nɪərəʊ]
Rome	Rome	[rəʊm]
Seoel	Seoul	[səʊl]
Singapore	Singapore	[ˌsɪŋə'pɔː(r)]

Sint-Petersburg	Saint Petersburg	[sənt 'piːtəzbɜːg]
Sjanghai	Shanghai	[ʃæŋ'haɪ]
Stockholm	Stockholm	['stɒkhəʊm]
Sydney	Sydney	['sɪdnɪ]
Taipei	Taipei	[taɪ'peɪ]
Tokio	Tokyo	['təʊkjəʊ]
Toronto	Toronto	[tə'rɒntəʊ]

Venetië	**Venice**	['venɪs]
Warschau	**Warsaw**	['wɔːsɔː]
Washington	**Washington**	['wɒʃɪŋtən]
Wenen	**Vienna**	[vɪ'enə]

www.ingramcontent.com/pod-product-compliance
Lightning Source LLC
Chambersburg PA
CBHW070556050426
42450CB00011B/2889